高职经管类精品教材

基础会计实训

主　编　宋风长

副主编　李华兵　李玉存

中国科学技术大学出版社

内 容 简 介

本书为《基础会计》(宋风长主编，中国科学技术大学出版社出版)配套的会计技能实训教材，以最新的《企业会计准则》和《会计基础工作规范》为依据，在包含常规的会计处理内容外，还将会计大小写数字规范书写作为训练内容，按照会计工作循环，构建了一个从填制和审核会计凭证、建账、记账、期末处理、对账、结账、编制会计报表等的完整的会计操作流程。

本书不仅适合高职高专院校会计专业及相关专业学生使用，也可作为会计人员上岗培训用书，还可供各层次管理人员阅读与参考。

图书在版编目(CIP)数据

基础会计实训/宋风长主编. —合肥：中国科学技术大学出版社，2016.8
ISBN 978-7-312-04054-2

Ⅰ.基…　Ⅱ.宋…　Ⅲ.会计学—高等职业教育—教材　Ⅳ.F230

中国版本图书馆 CIP 数据核字（2016）第 204135 号

出版　中国科学技术大学出版社
安徽省合肥市金寨路 96 号，230026
网址：http://press.ustc.edu.cn
印刷　安徽省瑞隆印务有限公司
发行　中国科学技术大学出版社
经销　全国新华书店
开本　787 mm×1092 mm　1/16
印张　22.25
字数　569 千
版次　2016 年 8 月第 1 版
印次　2016 年 8 月第 1 次印刷
定价　44.00 元

前　　言

高等职业教育必须把培养学生的实践动手能力放在更加突出的地位。会计专业是应用性、操作性和规范性很强的专业，但由于该专业校外实习的特殊性，校外实习效果难以保证。强化校内会计模拟实训，增强学生对会计处理的感性认知，促进学生专业技能的培养尤其重要。

《基础会计实训》是与《基础会计》（宋风长主编，中国科学技术大学出版社出版）一书配套使用的会计基本技能实训教材。在编写上，以最新的《企业会计准则》和《会计基础工作规范》等为依据，突破传统的课堂教学模式，展示真实的票证、单证等会计资料，通过学生仿真演练和操作，强化学生对会计核算程序和方法的理解。在内容上，除了常规的会计处理内容外，还将会计大小写数字规范书写作为训练内容，按照会计工作循环，构建了一个从填制和审核会计凭证、建账、记账、期末处理、对账、结账、编制会计报表等的完整的会计操作流程。

本教材不仅适合高职高专院校会计专业及相关专业学生使用，也可以作为会计人员上岗培训用书，还可供各层次管理人员阅读与参考。

本教材由省级会计专业带头人、省级教学名师、合肥职业技术学院宋风长副教授担任主编，负责教材的总体构思与设计、拟定编写大纲和统稿工作；合肥职业技术学院的李华兵会计师、安徽粮食工程职业学院的李玉存副教授担任副主编。具体编写分工如下：项目一、二、三、四由宋风长编写，项目五、六由李华兵编写，项目七由李玉存编写。

尽管作者在本教材的建设上付出了很多心血，做出了很大的努力，但由于作者水平有限，加之使用者对教材的要求越来越高，教材中难免存在不足之处，恳请相关读者将教材使用中发现的问题及时反馈给我们，以便再版时充实完善，联系方式：0551—82353357；1770210921@qq.com。

编　者

2016年6月20日

目　　录

项目一　绪　　论

一、基础会计实训的目的与内容

（一）实训的目的

1. 联系实际，增强会计感性认识

高职会计专业与其他专业相比，在校外实习方面有着明显的区别。由于企业会计数据资料比较重要，企业一般不愿让实习生直接动手操作；此外，一个实习单位一般只能安排1～2人实习，但对学校而言实习点太多的话操作难度较大。因此，强化校内会计模拟实训是较理想的方法，这对弥补会计理论教学的不足，增强学生对会计的感性认识尤其重要。

2. 严格训练，提高学生动手能力

会计学是实践性很强的学科，而教学上常常存在理论与实际相脱节的现象。如教学中多用会计分录来代替记账凭证，用"T"型账户来代替实务中的会计账页，与实际操作完全不同。如果不强化校内实训与校外实习，学生走上会计工作岗位后，往往不会填制支票、纳税申报单等原始凭证，不知道如何填制记账凭证、登记账簿，更不知如何建账，工作将无从下手。对此，编写一本适用的高职基础会计实训教材，模拟企业实际，让学生动手操作，对提高学生的会计处理动手能力至关重要。

3. 注重操作，培养实际工作能力

校内会计实训，要求学生首先要熟悉所模拟企业的生产流程和管理情况，然后根据实训资料了解原始凭证的填制，并根据审核后的原始凭证填制记账凭证，根据审核后的记账凭证登记账簿，期末进行结账与对账，在此基础上编制资产负债表与利润表。以上各环节要求学生严格按照会计工作规范要求进行操作。例如，支票应严格按照银行结算办法的规定来填写，字迹要清晰工整；账簿中的文字与数字的书写，不要写满格，一般占行高的1/2；过页、对账、结账和错账更正方法等，均应按规定办理。这些训练，对培养学生的实际工作能力大有益处。

4. 严肃认真，锤炼一丝不苟态度

在校内会计模拟实训中，不仅要求学生掌握会计基本技能，熟悉会计处理方法，更要强调学生应有一丝不苟的工作态度。因为会计工作与其他工作有着本质上的区别，容不得半点马虎，否则错误的会计信息会误导企业的经济管理工作和相关工作。

（二）实训的内容

1. 会计数字书写

（1）规范书写会计小写数字；

(2) 正确书写会计大写数字。

2. 建账

包括明细账、日记账、总账的启用和建账工作。

3. 会计凭证填制与审核

(1) 原始凭证的填制;

(2) 原始凭证的审核;

(3) 各类记账凭证的填制;

(4) 记账凭证的审核;

(5) 凭证的整理与装订。

4. 账簿登记

(1) 明细账登记;

(2) 日记账登记;

(3) 总账登记;

(4) 错账更正;

(5) 对账与结账;

5. 各类账表的编制

(1) 试算平衡表的编制;

(2) 科目汇总表的编制;

(3) 账户发生额与余额对照表的编制;

(4) 银行存款余额调节表的编制。

6. 会计报表编制

(1) 资产负债表的编制;

(2) 利润表的编制。

二、基础会计实训的要求

(一) 实训一般要求

参加实训的学生,首先应熟悉基础会计相关理论知识,在指导教师的引导下,参照会计基础工作规范的要求,全面地进行基础会计模拟实训。实训期间应做到:

(1) 严格遵守会计模拟实训室有关规章制度;

(2) 严格遵守实训教学时间要求,不得无故缺勤、迟到和早退;

(3) 实训期间原则上不准请假,特殊情况下需要请假要经指导教师和班主任、系部同意;

(4) 认真按时完成指导教师布置的会计模拟实训练习。

(二) 实训考核要求

在实训过程中,学生应端正实训态度,掌握操作技能,熟悉操作方法,具有一定的分析、处理和解决问题的能力,并按如下要求进行考核:

1. 考核内容

(1) 出勤情况与实训完成进度；

(2) 实训操作符合会计操作规范要求；

(3) 会计科目使用符合《企业会计准则》的要求；

(4) 各项会计数据的计算方法正确、数据准确；

(5) 实训报告内容、结构符合要求、语句通顺。

2. 考核方法

评定实训成绩采用百分制或等级制，采用百分制的，建议以上五点分别按20%、30%、10%、10%、30%计算实训成绩；采用等级制的，根据以上五点确定相应等级。

三、基础会计实训的组织与时间安排

1. 实训组织

(1) 分散实训：学习完《基础会计》相关章节后及时分章组织实训；

(2) 集中实训：学习完《基础会计》全部内容后集中安排实训。

老师可根据教学计划的安排，灵活选择实训组织形式。会计理论教学与实训应在同一学期完成。

2. 实训时间安排

对不同的实训组织形式，在时间安排上略有区别，建议各项目实训时间如下：

项目二：2学时；

项目三：4学时；

项目四：12学时；

项目五：14学时；

项目六：7学时；

项目七：3学时。

在实际执行过程中可根据教学内容及学生情况相应调整，充分利用第二课堂时间进行调剂。

项目二　会计数字书写

实训目标

(1) 规范书写会计小写数字；
(2) 正确书写会计大写数字。

任务一　规范书写会计小写数字

实训目的

(1) 明确会计小写数字的规范要求；
(2) 熟练掌握小写数字的书写技能。

实训时间

完成本次实训需 1 学时。

实训用品

(1) 会计专用笔或钢笔(蓝黑或碳素墨水)；
(2) 会计数字练习用纸或账页。

实训资料

阿拉伯数字手写体字样如图 2.1 所示：

图 2.1　阿拉伯数字手写体

实训要求

按照标准写法进行阿拉伯数字书写练习(表 2.1～表 2.3),直至书写规范、流畅,指导教师认可。

表 2.1　会计数字练习

班级:______　学号:______　姓名:______

表 2.2　会计数字练习

班级：＿＿＿＿＿＿＿　学号：＿＿＿＿＿＿＿　姓名：＿＿＿＿＿＿＿

表 2.3 会计数字练习用纸

班级：__________ 学号：__________ 姓名：__________

任务二　正确书写会计大写数字

实训目的

（1）掌握汉字大写数字的标准写法；

（2）做到内容简明扼要、准确；字迹工整、清晰；书写规范、流畅。

实训时间

完成本次实训需1学时。

实训用品

（1）会计专用笔或钢笔（蓝黑或碳素墨水）；

（2）大小写金额书写训练用纸或账页。

实训资料

（1）数字的汉字大写：壹、贰、叁、肆、伍、陆、柒、捌、玖、拾、佰、仟、万、亿、元、角、分、零、整。

（2）20＊4年1月份现金和银行存款收付业务的发生额：

① ¥0.70；② ¥0.09；③ ¥16.05；④ ¥84.00；⑤ ¥150.65；⑥ ¥6 430.08；⑦ ¥80 004.73；⑧ ¥131 000.40；⑨ ¥109 806.50

实训要求

按照标准写法书写上述发生额的大小写（表2.4～表2.6），直至书写规范、流畅，指导教师认可。

表 2.4　大小写金额书写对照表

班级：______________　学号：______________　姓名：______________

小写金额栏										大写金额栏
千	百	十	万	千	百	十	元	角	分	
										人民币
										人民币
										人民币
										人民币
										人民币
										人民币
										人民币
										人民币
										人民币
										人民币
										人民币
										人民币
										人民币
										人民币
										人民币
										人民币
										人民币
										人民币
										人民币
										人民币
										人民币
										人民币
										人民币
										人民币
										人民币

表 2.5 大小写金额书写对照表

班级：______ 学号：______ 姓名：______

小写金额栏										大写金额栏
千	百	十	万	千	百	十	元	角	分	
										人民币
										人民币
										人民币
										人民币
										人民币
										人民币
										人民币
										人民币
										人民币
										人民币
										人民币
										人民币
										人民币
										人民币
										人民币
										人民币
										人民币
										人民币
										人民币
										人民币
										人民币
										人民币
										人民币
										人民币
										人民币

表 2.6 大小写金额书写对照表

班级：______________ 学号：______________ 姓名：______________

小写金额栏										大写金额栏
千	百	十	万	千	百	十	元	角	分	
										人民币
										人民币
										人民币
										人民币
										人民币
										人民币
										人民币
										人民币
										人民币
										人民币
										人民币
										人民币
										人民币
										人民币
										人民币
										人民币
										人民币
										人民币
										人民币
										人民币
										人民币
										人民币
										人民币
										人民币
										人民币

项目三　建　　账

实训目标

(1) 熟悉总分类会计科目及明细科目的设置要求；
(2) 明确建账的主要准备事项；
(3) 能按要求熟练地完成总账、明细账、日记账等的建账工作。

任务一　账簿启用登记表

实训目的

(1) 了解并掌握建账的基本流程和方法；
(2) 能按要求熟练完成账簿启用登记表的登记工作。

实训时间

完成本次实训需1学时。

实训用品

账簿启用登记表1张。

实训资料

一、模拟实训企业概况

(1) 企业名称：安徽新科电子有限责任公司。
(2) 有关人员：
法人代表：赵国庆；

会计主管：丁强；
会计：王平；
出纳：李红艳；
复核：杨鸿。

二、会计事项

20＊4年9月1日企业现金日记账已登记满（本年度第二册），需要启用新的现金日记账（新现金日记账的编号为XKDZ20＊409；账簿页数为100页）。

实训要求

填制库存现金日记账“账簿启用登记表”（表3.1）。

表3.1 账簿使用登记表

<table>
<tr><td colspan="2">单位名称</td><td colspan="6"></td><td colspan="3" rowspan="5"></td></tr>
<tr><td rowspan="4">本账簿</td><td>名 称</td><td colspan="6"></td></tr>
<tr><td>册 次</td><td colspan="6">第 册</td></tr>
<tr><td>页 数</td><td colspan="6">第 号至第 号 共计 页</td></tr>
<tr><td>使用起讫日期</td><td>自
至</td><td colspan="5">公元 年 月 日</td></tr>
<tr><td rowspan="2">单位负责人</td><td>姓 名</td><td>盖 章</td><td rowspan="2">主办会计</td><td colspan="2">姓 名</td><td>盖 章</td><td rowspan="2">记账</td><td colspan="2">姓 名</td><td>盖 章</td></tr>
<tr><td></td><td></td><td colspan="2"></td><td></td><td colspan="2"></td><td></td></tr>
<tr><td rowspan="9">接交记录</td><td colspan="2">经管人员</td><td colspan="4">接 管</td><td colspan="4">交 出</td></tr>
<tr><td>职 别</td><td>姓 名</td><td>年</td><td>月</td><td>日</td><td>盖 章</td><td>年</td><td>月</td><td>日</td><td>盖 章</td></tr>
<tr><td></td><td></td><td></td><td></td><td></td><td></td><td></td><td></td><td></td><td></td></tr>
<tr><td></td><td></td><td></td><td></td><td></td><td></td><td></td><td></td><td></td><td></td></tr>
<tr><td></td><td></td><td></td><td></td><td></td><td></td><td></td><td></td><td></td><td></td></tr>
<tr><td></td><td></td><td></td><td></td><td></td><td></td><td></td><td></td><td></td><td></td></tr>
<tr><td></td><td></td><td></td><td></td><td></td><td></td><td></td><td></td><td></td><td></td></tr>
<tr><td></td><td></td><td></td><td></td><td></td><td></td><td></td><td></td><td></td><td></td></tr>
<tr><td></td><td></td><td></td><td></td><td></td><td></td><td></td><td></td><td></td><td></td></tr>
<tr><td>备注</td><td colspan="10"></td></tr>
</table>

任务二 初始建账

实训目的

(1) 了解并掌握建账的基本流程和方法；

(2) 能按要求熟练完成总账、明细账、日记账等的初始建账工作。

实训时间

完成本次实训需 3 学时。

实训用品

(1) 总分类账簿 1 本，一般采用“订本式账簿”；

(2) 明细账若干，一般采用“活页式”账页，格式主要有：三栏式、数量金额式和多栏式；

(3) 现金日记账和银行存款日记账各 1 本。

实训说明

考虑到基础会计阶段学生知识面较窄和业务处理能力的欠缺，本次建账实训暂以某单位 12 月份的账务处理为例，以点代面，旨在让学生掌握建账的基本流程和方法。

实训资料

一、模拟实训企业概况

(1) 企业名称：安徽新科电子有限责任公司。

(2) 有关人员：

法人代表：赵国庆；

会计主管：丁强；

会计：王平；

出纳：李红艳；

复核：杨鸿。

二、期初建账资料

(1) 以下是安徽新科电子有限责任公司 20＊4 年 12 月初总账账户的期初余额,请同学们据此开设总分类账户。

① 资产、负债、所有者权益类账户期初余额(表 3.2)。

表 3.2　12 月初总账账户余额表

单位:元

科目代码	总账账户	借方余额	贷方余额
1001	库存现金	3 100	
1002	银行存款	660 000	
1121	应收票据	180 000	
1122	应收账款	70 000	
1231	坏账准备		400
1402	在途物资	6 000	
1403	原材料	163 000	
1405	库存商品	1 840 000	
1411	周转材料	50 400	
1601	固定资产	4 800 000	
1602	累计折旧		1 500 000
1801	长期待摊费用	500	
2001	短期借款		1 370 000
2201	应付票据		66 400
2202	应付账款		25 600
2211	应付职工薪酬		8 000
2221	应交税费	66 000	
2231	应付利息		4 000
4001	实收资本		3 527 000
4002	资本公积		90 000
4101	盈余公积		320 000
4103	本年利润		927 600
4104	利润分配		
合　计		7 839 000	7 839 000

② 12 月初损益类账户的本期累计发生额。按照账结法,损益类账户均没有期初余额。但是企业在编制利润表和清算所得税时,必须利用本年损益类账户的累计发生额。

表 3.3 所列是安徽新科电子有限责任公司 1～11 月份的损益类账户累计发生额。

表 3.3　损益类账户 1～11 月份累计发生额

单位:元

科目代码	项　目	1～11 月份累计数
6001	主营业务收入	3 000 000
6401	主营业务成本	1 800 000
6403	营业税金及附加	60 000
6051	其他业务收入	38 000
6402	其他业务成本	30 000
6601	销售费用	85 000
6602	管理费用	132 000
6603	财务费用	9 000
6301	营业外收入	24 000
6711	营业外支出	18 400
6801	所得税费用	

说明:建立总账时,给定的各总账账户期初余额是重要依据和参考,为了防止有些账户没有期初余额,但在本期内有发生额,所以在建账时,遵循谨慎性原则,应考虑设置适当的预留账页。

(2) 以下是安徽新科电子有限责任公司 20＊4 年 12 月初相关明细账户的期初余额,请同学们据此开设明细分类账。

① 三栏式明细账。安徽新科电子有限责任公司 12 月初往来账户余额见表 3.4:

表 3.4　12 月初往来账户余额

单位:元

总账账户	明细账户	借方余额	贷方余额
应收票据			
	新源公司	45 000	
	华联商厦	115 000	
	惠民商店	20 000	
应收账款			
	华联商厦	16 000	
	泰兴商店	6 000	
	江城百货公司	18 000	
	新百大厦	30 000	

续表

总账账户	明细账户	借方余额	贷方余额
应付票据			
	锦程塑料厂		40 400
	鸿雁电器厂		26 000
应付账款			
	三元电器厂		25 600
应交税费			
	应交增值税		
	应交所得税	66 000	
	应交个人所得税		
盈余公积			
	法定盈余公积		320 000
利润分配			
	提取法定盈余公积		
	应付现金股利		
	未分配利润		

(2) 数量金额式明细账。安徽新科电子有限责任公司12月初存货结存情况见表3.5:

表3.5 12月初存货结存

金额单位:元

存货项目	明细账户	计量单位	数 量	单 价	金 额
原材料					
	A材料	个	5 000	2	10 000
	B材料	米	80 000	1.50	120 000
	C材料	千克	10 000	3.30	33 000
库存商品					
	甲商品	台	8 000	160	1 280 000
	乙商品	台	7 000	80	560 000
在途物资					
	D材料	件	1 000	6	6 000

说明:建立明细账时,同样会遭遇与总账类似的问题,有些账户没有期初余额,但在本期内有发生额。好在明细账采用的是活页账,账页的添加相对方便、简单。

(3) 表3.6是安徽新科电子有限责任公司20*4年12月初日记账的期初余额,请同学们据此开设现金和银行存款日记账。

表 3.6　12 月初日记账的期初余额

单位:元

科目代码	账户名称	借方余额
1001	库存现金	3 100
1002	银行存款	660 000

实训要求

根据上述资料完成日记账、分类账的初始建账(表 3.7～表 3.65)。

表 3.7 库存现金日记账

年		凭证号数	对方科目	摘　　要	√	收入(借方)金额										付出(贷方)金额										结余金额									
月	日					千	百	十	万	千	百	十	元	角	分	千	百	十	万	千	百	十	元	角	分	千	百	十	万	千	百	十	元	角	分

表 3.8　银行存款日记账

年		凭证号数	对方科目	摘　　要	√	收入(借方)金额										付出(贷方)金额										结余金额									
月	日					千	百	十	万	千	百	十	元	角	分	千	百	十	万	千	百	十	元	角	分	千	百	十	万	千	百	十	元	角	分

表 3.9 ________________总分类账

年		凭证号数	摘要	√	借方										贷方										借或贷	余额									
月	日				千	百	十	万	千	百	十	元	角	分	千	百	十	万	千	百	十	元	角	分		千	百	十	万	千	百	十	元	角	分

表 3.10 ________总分类账

年		凭证号数	摘要	√	借方										贷方										借或贷	余额									
月	日				千	百	十	万	千	百	十	元	角	分	千	百	十	万	千	百	十	元	角	分		千	百	十	万	千	百	十	元	角	分

表 3.11 ________总分类账

年		凭证号数	摘要	√	借方										贷方										借或贷	余额									
月	日				千	百	十	万	千	百	十	元	角	分	千	百	十	万	千	百	十	元	角	分		千	百	十	万	千	百	十	元	角	分

表 3.12 ________总分类账

年		凭证号数	摘要	√	借方										贷方										借或贷	余额									
月	日				千	百	十	万	千	百	十	元	角	分	千	百	十	万	千	百	十	元	角	分		千	百	十	万	千	百	十	元	角	分

表 3.13 ________总分类账

年		凭证号数	摘要	√	借方										贷方										借或贷	余额									
月	日				千	百	十	万	千	百	十	元	角	分	千	百	十	万	千	百	十	元	角	分		千	百	十	万	千	百	十	元	角	分

表 3.14 ________总分类账

年		凭证号数	摘　要	√	借　方										贷　方										借或贷	余　额									
月	日				千	百	十	万	千	百	十	元	角	分	千	百	十	万	千	百	十	元	角	分		千	百	十	万	千	百	十	元	角	分

表 3.15 ______________总分类账

年		凭证号数	摘要	√	借方										贷方										借或贷	余额									
月	日				千	百	十	万	千	百	十	元	角	分	千	百	十	万	千	百	十	元	角	分		千	百	十	万	千	百	十	元	角	分

表 3.16 ________总分类账

年		凭证号数	摘　要	√	借　方										贷　方										借或贷	余　额									
月	日				千	百	十	万	千	百	十	元	角	分	千	百	十	万	千	百	十	元	角	分		千	百	十	万	千	百	十	元	角	分

表 3.17 ______总分类账

年		凭证号数	摘要	√	借方										贷方										借或贷	余额									
月	日				千	百	十	万	千	百	十	元	角	分	千	百	十	万	千	百	十	元	角	分		千	百	十	万	千	百	十	元	角	分

表 3.18 ________总分类账

年		凭证号数	摘要	√	借方										贷方										借或贷	余额									
月	日				千	百	十	万	千	百	十	元	角	分	千	百	十	万	千	百	十	元	角	分		千	百	十	万	千	百	十	元	角	分

表 3.19 ______总分类账

年		凭证号数	摘要	√	借方										贷方										借或贷	余额									
月	日				千	百	十	万	千	百	十	元	角	分	千	百	十	万	千	百	十	元	角	分		千	百	十	万	千	百	十	元	角	分

表 3.20 ________总分类账

年		凭证号数	摘要	√	借方										贷方										借或贷	余额									
月	日				千	百	十	万	千	百	十	元	角	分	千	百	十	万	千	百	十	元	角	分		千	百	十	万	千	百	十	元	角	分

表 3.21 ________总分类账

年		凭证号数	摘要	√	借方										贷方										借或贷	余额									
月	日				千	百	十	万	千	百	十	元	角	分	千	百	十	万	千	百	十	元	角	分		千	百	十	万	千	百	十	元	角	分

表 3.22 ________总分类账

年		凭证号数	摘要	√	借方										贷方										借或贷	余额									
月	日				千	百	十	万	千	百	十	元	角	分	千	百	十	万	千	百	十	元	角	分		千	百	十	万	千	百	十	元	角	分

表 3.23 ________总分类账

年		凭证号数	摘要	√	借方										贷方										借或贷	余额									
月	日				千	百	十	万	千	百	十	元	角	分	千	百	十	万	千	百	十	元	角	分		千	百	十	万	千	百	十	元	角	分

表 3.24 ______总分类账

年		凭证号数	摘要	√	借方										贷方										借或贷	余额									
月	日				千	百	十	万	千	百	十	元	角	分	千	百	十	万	千	百	十	元	角	分		千	百	十	万	千	百	十	元	角	分

表 3.25 ______总分类账

年		凭证号数	摘要	√	借方										贷方										借或贷	余额									
月	日				千	百	十	万	千	百	十	元	角	分	千	百	十	万	千	百	十	元	角	分		千	百	十	万	千	百	十	元	角	分

表 3.26 ______总分类账

年		凭证号数	摘要	√	借方										贷方										借或贷	余额									
月	日				千	百	十	万	千	百	十	元	角	分	千	百	十	万	千	百	十	元	角	分		千	百	十	万	千	百	十	元	角	分

表 3.27 ______总分类账

年		凭证号数	摘要	√	借方										贷方										借或贷	余额									
月	日				千	百	十	万	千	百	十	元	角	分	千	百	十	万	千	百	十	元	角	分		千	百	十	万	千	百	十	元	角	分

表 3.28 ________总分类账

年		凭证号数	摘要	√	借方										贷方										借或贷	余额									
月	日				千	百	十	万	千	百	十	元	角	分	千	百	十	万	千	百	十	元	角	分		千	百	十	万	千	百	十	元	角	分

表 3.29 ________总分类账

年		凭证号数	摘要	√	借方										贷方										借或贷	余额									
月	日				千	百	十	万	千	百	十	元	角	分	千	百	十	万	千	百	十	元	角	分		千	百	十	万	千	百	十	元	角	分

表 3.30 ______________总分类账

年		凭证号数	摘要	√	借方										贷方										借或贷	余额									
月	日				千	百	十	万	千	百	十	元	角	分	千	百	十	万	千	百	十	元	角	分		千	百	十	万	千	百	十	元	角	分

表 3.31 ______总分类账

年		凭证号数	摘要	√	借方										贷方										借或贷	余额									
月	日				千	百	十	万	千	百	十	元	角	分	千	百	十	万	千	百	十	元	角	分		千	百	十	万	千	百	十	元	角	分

表 3.32 ____总分类账

年		凭证号数	摘要	✓	借方										贷方										借或贷	余额									
月	日				千	百	十	万	千	百	十	元	角	分	千	百	十	万	千	百	十	元	角	分		千	百	十	万	千	百	十	元	角	分

表 3.33 ____________总分类账

年		凭证号数	摘要	√	借方										贷方										借或贷	余额									
月	日				千	百	十	万	千	百	十	元	角	分	千	百	十	万	千	百	十	元	角	分		千	百	十	万	千	百	十	元	角	分

表 3.34 ____________总分类账

年		凭证号数	摘要	√	借方										贷方										借或贷	余额									
月	日				千	百	十	万	千	百	十	元	角	分	千	百	十	万	千	百	十	元	角	分		千	百	十	万	千	百	十	元	角	分

表 3.35 ________总分类账

年		凭证号数	摘　要	√	借　方										贷　方										借或贷	余　额									
月	日				千	百	十	万	千	百	十	元	角	分	千	百	十	万	千	百	十	元	角	分		千	百	十	万	千	百	十	元	角	分

表 3.36 ________总分类账

年		凭证号数	摘　要	√	借　方										贷　方										借或贷	余　额									
月	日				千	百	十	万	千	百	十	元	角	分	千	百	十	万	千	百	十	元	角	分		千	百	十	万	千	百	十	元	角	分

表 3.37 ______总分类账

年		凭证号数	摘要	√	借方										贷方										借或贷	余额									
月	日				千	百	十	万	千	百	十	元	角	分	千	百	十	万	千	百	十	元	角	分		千	百	十	万	千	百	十	元	角	分

表 3.38 ________总分类账

年		凭证号数	摘要	√	借方										贷方										借或贷	余额									
月	日				千	百	十	万	千	百	十	元	角	分	千	百	十	万	千	百	十	元	角	分		千	百	十	万	千	百	十	元	角	分

表 3.39 ________总分类账

年		凭证号数	摘要	√	借方										贷方										借或贷	余额									
月	日				千	百	十	万	千	百	十	元	角	分	千	百	十	万	千	百	十	元	角	分		千	百	十	万	千	百	十	元	角	分

表 3.40 ________总分类账

年		凭证号数	摘要	√	借方										贷方										借或贷	余额									
月	日				千	百	十	万	千	百	十	元	角	分	千	百	十	万	千	百	十	元	角	分		千	百	十	万	千	百	十	元	角	分

表 3.41 ________总分类账

年		凭证号数	摘要	√	借方										贷方										借或贷	余额									
月	日				千	百	十	万	千	百	十	元	角	分	千	百	十	万	千	百	十	元	角	分		千	百	十	万	千	百	十	元	角	分

表 3.42 ________总分类账

年		凭证号数	摘要	√	借方										贷方										借或贷	余额									
月	日				千	百	十	万	千	百	十	元	角	分	千	百	十	万	千	百	十	元	角	分		千	百	十	万	千	百	十	元	角	分

表 3.43 ________________明细账

二级科目：____________

年		凭证号数	摘　要	√	借　方										贷　方										借或贷	余　额									
月	日				千	百	十	万	千	百	十	元	角	分	千	百	十	万	千	百	十	元	角	分		千	百	十	万	千	百	十	元	角	分

表 3.44 ______明细账

二级科目：______

年		凭证号数	摘要	√	借方										贷方										借或贷	余额									
月	日				千	百	十	万	千	百	十	元	角	分	千	百	十	万	千	百	十	元	角	分		千	百	十	万	千	百	十	元	角	分

表 3.45 ________明细账

二级科目：________

年		凭证号数	摘要	√	借方										贷方										借或贷	余额									
月	日				千	百	十	万	千	百	十	元	角	分	千	百	十	万	千	百	十	元	角	分		千	百	十	万	千	百	十	元	角	分

表 3.46 ______________明细账

二级科目：__________

年		凭证号数	摘要	√	借方										贷方										借或贷	余额									
月	日				千	百	十	万	千	百	十	元	角	分	千	百	十	万	千	百	十	元	角	分		千	百	十	万	千	百	十	元	角	分

表 3.47 ________明细账

二级科目：________

年		凭证号数	摘要	√	借方										贷方										借或贷	余额									
月	日				千	百	十	万	千	百	十	元	角	分	千	百	十	万	千	百	十	元	角	分		千	百	十	万	千	百	十	元	角	分

表 3.48 ________明细账

二级科目：________

年		凭证号数	摘要	√	借方										贷方										借或贷	余额									
月	日				千	百	十	万	千	百	十	元	角	分	千	百	十	万	千	百	十	元	角	分		千	百	十	万	千	百	十	元	角	分

表 3.49 ____________明细账

二级科目：__________

年		凭证号数	摘要	√	借方										贷方										借或贷	余额									
月	日				千	百	十	万	千	百	十	元	角	分	千	百	十	万	千	百	十	元	角	分		千	百	十	万	千	百	十	元	角	分

表 3.50 ______________明细账

二级科目：__________

年		凭证号数	摘要	√	借方										贷方										借或贷	余额									
月	日				千	百	十	万	千	百	十	元	角	分	千	百	十	万	千	百	十	元	角	分		千	百	十	万	千	百	十	元	角	分

表 3.51 ________明细账

二级科目：________

年		凭证号数	摘要	√	借方										贷方										借或贷	余额									
月	日				千	百	十	万	千	百	十	元	角	分	千	百	十	万	千	百	十	元	角	分		千	百	十	万	千	百	十	元	角	分

表 3.52 ______________明细账

二级科目：____________

年		凭证号数	摘　要	√	借　方										贷　方										借或贷	余　额									
月	日				千	百	十	万	千	百	十	元	角	分	千	百	十	万	千	百	十	元	角	分		千	百	十	万	千	百	十	元	角	分

表 3.53 ________明细账

二级科目：________

年		凭证号数	摘要	√	借方										贷方										借或贷	余额									
月	日				千	百	十	万	千	百	十	元	角	分	千	百	十	万	千	百	十	元	角	分		千	百	十	万	千	百	十	元	角	分

表 3.54 ____________明细账

二级科目：____________

年		凭证号数	摘要	√	借方										贷方										借或贷	余额									
月	日				千	百	十	万	千	百	十	元	角	分	千	百	十	万	千	百	十	元	角	分		千	百	十	万	千	百	十	元	角	分

表 3.55 ________明细账

二级科目：________

年		凭证号数	摘要	√	借方										贷方										借或贷	余额									
月	日				千	百	十	万	千	百	十	元	角	分	千	百	十	万	千	百	十	元	角	分		千	百	十	万	千	百	十	元	角	分

表 3.56 ________明细账

二级科目：________

年		凭证号数	摘要	√	借方										贷方										借或贷	余额									
月	日				千	百	十	万	千	百	十	元	角	分	千	百	十	万	千	百	十	元	角	分		千	百	十	万	千	百	十	元	角	分

表 3.57 ______明细账

二级科目：______

年		凭证号数	摘要	√	借方										贷方										借或贷	余额									
月	日				千	百	十	万	千	百	十	元	角	分	千	百	十	万	千	百	十	元	角	分		千	百	十	万	千	百	十	元	角	分

表 3.58 ________明细账

二级科目：________

年		凭证号数	摘要	√	借方										贷方										借或贷	余额									
月	日				千	百	十	万	千	百	十	元	角	分	千	百	十	万	千	百	十	元	角	分		千	百	十	万	千	百	十	元	角	分

表 3.59 应交税费——应交增值税明细账

年		凭证		摘要	借方																																							
					合计										进项税额										已交税金										转出未交增值税									
月	日	种类	编号		千	百	十	万	千	百	十	元	角	分	千	百	十	万	千	百	十	元	角	分	千	百	十	万	千	百	十	元	角	分	千	百	十	万	千	百	十	元	角	分

续表 3.59

贷方																																																		借或贷	余额									
合计										销项税额										出口退税										进项税额转出										转出多交增值税																				
千	百	十	万	千	百	十	元	角	分	千	百	十	万	千	百	十	元	角	分	千	百	十	万	千	百	十	元	角	分	千	百	十	万	千	百	十	元	角	分	千	百	十	万	千	百	十	元	角	分		千	百	十	万	千	百	十	元	角	分

表 3.60 ________明细账

二级科目：________ 计量单位：________

年		凭证号数	摘要	收入											发出											结存										
月	日			数量	单价	金额									数量	单价	金额									数量	单价	金额								
						百	十	万	千	百	十	元	角	分			百	十	万	千	百	十	元	角	分			百	十	万	千	百	十	元	角	分

表 3.61 ________明细账

二级科目：________ 计量单位：________

年		凭证号数	摘要	收入											发出											结存										
月	日			数量	单价	金额									数量	单价	金额									数量	单价	金额								
						百	十	万	千	百	十	元	角	分			百	十	万	千	百	十	元	角	分			百	十	万	千	百	十	元	角	分

表 3.62 ____________明细账

二级科目：________ 计量单位：________

年		凭证号数	摘要	收入											发出											结存										
				数量	单价	金额									数量	单价	金额								数量	单价	金额							
月	日					百	十	万	千	百	十	元	角	分			百	十	万	千	百	十	元	角	分			百	十	万	千	百	十	元	角	分

表 3.63 ________明细账

二级科目：________ 计量单位：________

年		凭证号数	摘要	收入											发出											结存										
月	日			数量	单价	金额									数量	单价	金额									数量	单价	金额								
						百	十	万	千	百	十	元	角	分			百	十	万	千	百	十	元	角	分			百	十	万	千	百	十	元	角	分

表 3.64 ________明细账

二级科目：________ 计量单位：________

年		凭证号数	摘要	收入											发出											结存										
				数量	单价	金额									数量	单价	金额									数量	单价	金额								
月	日					百	十	万	千	百	十	元	角	分			百	十	万	千	百	十	元	角	分			百	十	万	千	百	十	元	角	分

表 3.65 ________明细账

二级科目：________　　计量单位：________

年		凭证号数	摘要	收入											发出											结存										
月	日			数量	单价	金额									数量	单价	金额									数量	单价	金额								
						百	十	万	千	百	十	元	角	分			百	十	万	千	百	十	元	角	分			百	十	万	千	百	十	元	角	分

项目四　会计凭证填制与审核

实训目标

(1) 能按要求熟练地填制原始凭证的相关内容；
(2) 能正确规范地填制各种记账凭证；
(3) 能根据凭证各项目的填制要求对原始凭证与记账凭证进行审核；
(4) 能熟练地进行会计凭证的整理与装订。

任务一　原始凭证填制与审核训练

实训目的

(1) 了解原始凭证的种类、格式和基本内容；
(2) 掌握原始凭证的填制要求与方法；
(3) 掌握原始凭证审核的方法。

实训时间

完成本次实训需 2 学时。

实训用品

实训资料所附的有关原始凭证。

实训资料

第一笔经济业务:20＊4 年 1 月 1 日从银行提取现金 4 500 元,零星开支备用(图 4.1)。

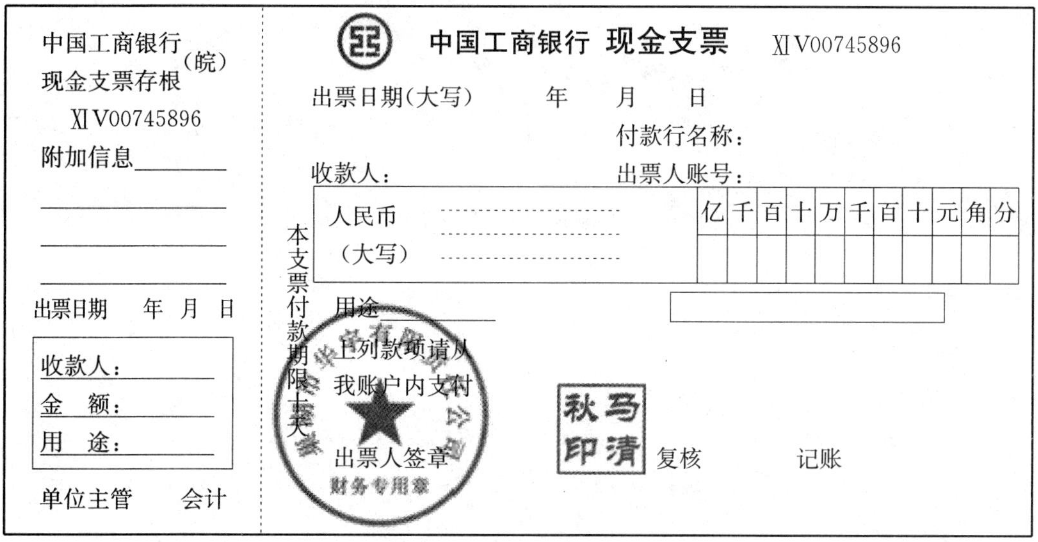
中国工商银行(皖)
现金支票存根
XI V00745896
附加信息________

出票日期 年 月 日
收款人：
金 额：
用 途：
单位主管 会计

中国工商银行 现金支票 XI V00745896
出票日期(大写) 年 月 日
付款行名称：
收款人： 出票人账号：

人民币（大写）	亿	千	百	十	万	千	百	十	元	角	分

本支票付款期限十天
用途
上列款项请从
我账户内支付
出票人签章 复核 记账

图 4.1 现金支票

第二笔经济业务：20＊4 年 1 月 3 日一车间生产 A 产品领用甲材料 30 000 千克，一车间一般耗费甲材料 80 千克，乙材料 50 千克；机修车间领用乙材料 40 千克；行政管理部门耗费甲材料 10 千克、乙材料 20 千克。甲、乙材料的单位成本分别为 12 元/千克和 10 元/千克。根据每一种材料的用途填写领料单(表 4.1～表 4.3)。

表 4.1 领料单

领料部门： 开单日期： 年 月 日
发料仓库： 发料日期： 年 月 日 限 天有效

货位编号	材料名称	型号规格	单 位	数 量		单 价	金 额
				请 领	实 发		
领料根据及用途							

发料： 材料计划： 领料主管： 领料：

表 4.2　领料单

领料部门：　　　　开单日期：　　年　月　日

发料仓库：　　　　发料日期：　　年　月　日　限　天有效

货位编号	材料名称	型号规格	单　位	数　量		单　价	金　额
				请　领	实　发		
领料根据及用途							

发料：　　　　材料计划：　　　　领料主管：　　　　领料：

表 4.3　领料单

领料部门：　　　　开单日期：　　年　月　日

发料仓库：　　　　发料日期：　　年　月　日　限　天有效

货位编号	材料名称	型号规格	单　位	数　量		单　价	金　额
				请　领	实　发		
领料根据及用途							

发料：　　　　材料计划：　　　　领料主管：　　　　领料：

第三笔经济业务：20＊4年1月15日，销售部吴建国和周浩到上海参加订货会。两人赴上海来去均乘长途卧铺汽车，票价478元/人；住宿费350元/(标准间·天)，共住宿3天。本企业出差补助标准是100元/(人·天)。请据此填写差旅费报销单(表4.4)。

表 4.4　差旅费报销单

姓名								出差事由							出差日期	自　年　月　日 到　年　月　日　共　天		
起讫时间及地点						车船费		夜间车补助费			出差补助费			住宿费			其他	
月	日	起	月	日	讫	类别	金额	时间	标准	金额	日数	标准	金额	日数	标准	金额	摘要	金额
								小时	%									
								小时	%									
								小时	%									
								小时	%									
								小时	%									
								小时	%									
小计																		
合计金额（大写）						仟　佰　拾　元　角　分						预支____　核销____　退补____						

主管：　　　　部门：　　　　审核：　　　　填报人：

第四笔经济业务：20＊4 年 1 月 20 本企业向广东佛山金属材料有限公司购进甲材料 8 000千克，单价 12 元/千克，价款 96 000 元，增值税税率为 17%，进项税额 16 320 元，款项已通过电汇方式付清，材料已验收入库。请据此填写材料验收单(表 4.5)。

表 4.5 材料验收单

供货单位：

发票号码： 年 月 日 收货仓库：

材料编号	材料名称	规 格	单 位	数 量	金 额	备 注

第五笔经济业务：20＊4 年 1 月 31 日根据固定资产原值和月折旧率(3%)，填制固定资产折旧计算表(表 4.6)。期初固定资产原值 3 644 194 元：一车间固定资产原值为 1 449 915 元；二车间固定资产原值为 1 093 719 元；机修车间固定资产原值为 380 216 元；行政部门固定资产原值为 720 344 元。

表 4.6 固定资产折旧计算表

年 月 日 单位：元

部 门	固定资产原值	计提比例%	金额
合 计			

账务科长： 制表人：

实训要求

完成实训资料中的原始凭证填制。

任务二 收款凭证填制训练

实训目的

(1) 熟悉收款业务的基本程序；

(2) 明确收款凭证的基本要素；

(3) 掌握根据收款原始单据填制收款凭证的操作技能。

实训时间

完成本次实训需 2 学时。

实训用品

收款凭证若干张。

实训资料

第一笔经济业务：从中国银行借入期限 6 个月的短期借款 70 000 元，款项已划入本公司的账户(图 4.2)。

借款凭证(回单)

20＊4 年 12 月 10 日

<table>
<tr><td rowspan="2">借款单位</td><td>名称</td><td colspan="3">巢湖华宇有限责任公司</td><td rowspan="2">贷款单位</td><td>名称</td><td colspan="9">健康路支行</td></tr>
<tr><td>账号</td><td colspan="3">34260106045001</td><td>账号</td><td colspan="9">7245</td></tr>
<tr><td>贷款种类</td><td colspan="2">生产周转借款</td><td>贷款期限</td><td>6 个月</td><td colspan="11">月利率 5.7‰</td></tr>
<tr><td>申请贷款金额</td><td colspan="2">¥70 000 元</td><td colspan="2">约定偿还日期</td><td colspan="11">20＊5 年 6 月 10 日</td></tr>
<tr><td>借款用途</td><td colspan="15">购买材料</td></tr>
<tr><td rowspan="2">核准借款金额</td><td colspan="5" rowspan="2">人民币(大写)柒万元整</td><td>千</td><td>百</td><td>十</td><td>万</td><td>千</td><td>百</td><td>十</td><td>元</td><td>角</td><td>分</td></tr>
<tr><td></td><td></td><td>¥</td><td>7</td><td>0</td><td>0</td><td>0</td><td>0</td><td>0</td><td>0</td></tr>
<tr><td colspan="7">根据你单位的申请，经我行审查同意，将此贷款转入你单位账户
中国银行股份有限公司巢湖 健康路支行 20*4.12.10 转（01）讫 王雪梅
银行盖章</td><td colspan="9">单位会计分录：</td></tr>
</table>

行长：余春红　　信贷科：潘树文　　信贷员：曾立群

图 4.2 借款凭证(回单)

第二笔经济业务：巢湖华新有限责任公司延期三天交付货物，按合同约定收到对方违约金 2 000 元(图 4.3)。

收　据

20＊4 年 12 月 15 日　　　　　　　　　　　　　　　　No0029403

交款单位 巢湖市华新有限责任公司	收款方式 现金	第三联记账
人民币(大写)贰仟元整	¥2 000.00	
收款事由 合同违约金		

收款单位(盖章)　　财务主管　　会计　　审核　　开票 李梅宇

现金收讫

图 4.3　收据

第三笔经济业务：向巢湖方银有限公司销售 B 产品 300 件，单价 180 元/件，价款 54 000 元，增值税税率为 17%，销项税额 9 180 元，款项通过银行转账收讫(图 4.4；已销产品暂时不结转其成本，到月底再汇总结转成本)。

中国工商银行进账单(收账通知)

20＊4 年 12 月 18 日

付款人	全　称	巢湖方银有限公司	收款人	全　称	巢湖市华宇有限责任公司
	账　号	432568745455		账　号	5021070005893
	开户银行	巢湖市农行巢湖路支行		开户银行	巢湖市工行巢湖路支行

金额	人民币(大写)	陆万叁仟壹佰捌拾元整	亿	千	百	十	万	千	百	十	元	角	分
						¥	6	3	1	8	0	0	0

票据种类		票据张数	
票据号码			
复核 周影　记账 张山		收款人开户银行签章	

巢湖市工行巢湖路支行 20＊4. 12. 18 转账 转

此联是银行交给收款人的收账通知

图 4.4　进账单

第四笔经济业务：收到开户银行的计息通知单，存款利息收入 112.48 元划入本公司账户(图 4.5)。

中国工商银行人民币计算通知单

20＊4 年 12 月 22 日

巢湖市工行巢湖路支行

单位账号：5021070005893　　单位名称：巢湖市华宇有限责任公司

应付利息：0.00　　应收利息：112.48

摘要：计息期间　20＊4.09.21 — 20＊4.12.20

（印章：巢湖市工行巢湖路支行 20＊4.12.22 转账 转讫）

图 4.5　计息通知单

第五笔经济业务：根据合同约定预收大江机械制造厂的部分货款（图 4.6）。

中国工商银行进账单（收账通知）

20＊4 年 12 月 26 日

付款人	全　称	巢湖市大江机械制造厂	收款人	全　称	巢湖市华宇有限责任公司
	账　号	2400062525146543		账　号	5021070005893
	开户银行	巢湖市中行健康路支行		开户银行	巢湖市工行巢湖路支行

金额	人民币（大写）	贰万壹仟零陆拾元整	亿	千	百	十	万	千	百	十	元	角	分
						¥	2	1	0	6	0	0	0

票据种类		票据张数	
票据号码			
复核　成功　记账　兰星星			收款人开户银行签章

（印章：中国工商银行股份有限公司巢湖 巢湖路支行 20＊4.12.26 业务办讫章（01））

此联是银行交给收款人的收账通知

图 4.6　进账单

实训要求

根据实训资料填制收款凭证（表 4.7～表 4.12）。

表 4.7 收款凭证

凭证字：______

借方科目：　　　　　　　　　　年　月　日　　　　　　　　　　凭证号：______

摘　要	贷方总账科目	明细科目	贷方金额										记账符号	
			千	百	十	万	千	百	十	元	角	分		
合　计														

附单据　张

会计主管：　　记账：　　出纳：　　审核：　　制单：

表 4.8 收款凭证

凭证字：______

借方科目：　　　　　　　　　　年　月　日　　　　　　　　　　凭证号：______

摘　要	贷方总账科目	明细科目	贷方金额										记账符号	
			千	百	十	万	千	百	十	元	角	分		
合　计														

附单据　张

会计主管：　　记账：　　出纳：　　审核：　　制单：

表 4.9 收款凭证

凭证字：______

借方科目：　　　　　　　　　　年　月　日　　　　　　　　　　凭证号：______

摘　要	贷方总账科目	明细科目	贷方金额										记账符号	
			千	百	十	万	千	百	十	元	角	分		
合　计														

附单据　张

会计主管：　　记账：　　出纳：　　审核：　　制单：

表 4.10 收款凭证

凭证字：______

借方科目：　　　　　　年　月　日　　　　　　凭证号：______

摘　　要	贷方总账科目	明细科目	贷方金额										记账符号
			千	百	十	万	千	百	十	元	角	分	
合　　计													

附单据　张

会计主管：　　记账：　　出纳：　　审核：　　制单：

表 4.11 收款凭证

凭证字：______

借方科目：　　　　　　年　月　日　　　　　　凭证号：______

摘　　要	贷方总账科目	明细科目	贷方金额										记账符号
			千	百	十	万	千	百	十	元	角	分	
合　　计													

附单据　张

会计主管：　　记账：　　出纳：　　审核：　　制单：

表 4.12 收款凭证

凭证字：______

借方科目：　　　　　　年　月　日　　　　　　凭证号：______

摘　　要	贷方总账科目	明细科目	贷方金额										记账符号
			千	百	十	万	千	百	十	元	角	分	
合　　计													

附单据　张

会计主管：　　记账：　　出纳：　　审核：　　制单：

任务三　付款凭证填制训练

实训目的

（1）熟悉付款业务的基本程序；

（2）明确付款凭证的基本要素；

（3）掌握根据付款原始单据填制付款凭证的操作技能。

实训时间

完成本次实训需 2 学时。

实训用品

付款凭证若干张。

实训资料

第一笔经济业务：购买办公用品，款项 38.5 元以现金支付(图 4.7)。

安徽省货物销售统一发票

皖国税(05)印字第 39 号　　发票联　　发票代码:134260522111

客户名称:　　发票号码:00769165

品名	规格	单位	数量	单价	金额				
					百	十	元	角	分
办公用品					¥	3	8	5	0
合计金额(大写)×佰叁拾捌元伍角×分　¥38.50									
销售单位纳税人登记号									
备　注									

第二联：报销凭证

现金收讫

巢湖市成才百货文具商店 发票专用章

销售单位　　电　　收　　开票:张立静

图 4.7　货物销售统一发票

第二笔经济业务:以存款交纳相关税费 1 110 元(图 4.8)。

中华人民共和国
税收通用缴款书（联网专用）

00930012
32038970

地

(20*41)皖地缴联 00930012 号

隶属关系：

注册类型：其他有限责任公司　　填发日期：20*4/01/10　　征收机关：巢湖市地税局征管分局

缴款单位（人）代码	3414017121305890			缴款单位（人）开户行	巢湖市工行巢湖路支行			
缴款单位（人）全称	巢湖市华宇有限责任公司			缴款单位（人）账号	5021070005893			
税款所属时期	20*3/12/01___20*3/12/31			税款限缴日期	20*4/01/20			

预算科目 编码	预算科目 名称	预算级次	收款国库	品目名称	课税数量	计税金额或销售收入	税率或单位税额	已缴或扣除额	实缴金额
010304	一般营业税	区（县）级	巢湖市开发区金库	其他服务		20000	0.05		1000
010903	股份制企业城建税	区（县）级	巢湖市开发区金库	营业税随征		1000	0.07		70
03020301	教育费附加收入	区（县）级	巢湖市开发区金库	增消营税额		1000	0.03		30
0301127	地方教育费附加收入	区（县）级	巢湖市开发区金库	增消营税额		1000	0.01		10
金额合计（大写）	壹仟壹佰壹拾元整								¥1,110.00

缴款单位（人）（盖章） 经办人（章）	税务机关（盖章） 填票人（章）穆柯玲	上列款项已收妥并划转收款单位账户 国库银行盖章 年　月　日	备注

无银行收章无效

第一联：（收据）国库（银行）收款盖章后退缴款单位（人）作完税证

逾期不缴按税法规定加收滞纳金

图 4.8　税收通用缴款书

第三笔经济业务：购买铣床 5 台，总价款 100 000 元，进项税额 17 000 元，以存款支付（图 4.9、图 4.10）。

安徽省增值税专用发票 NO 00660087

发票联（税务监制章略）

开票日期：20＊4 年 1 月 12 日

购货单位	名称：：巢湖市华宇有限责任公司 纳税人识别号：3414017121305890 地址、电话：安徽省巢湖市紫梧路旭佑广场 101 号 0565－8888888 开户行及账号：巢湖市工行巢湖路支行 5021070005893	密码区	4 567/45/－>546<787<23 7>/06 783>2＊＊903 455<5＊ 1－/＃451＋41＋>＊>5%234 95 348<56＋＊31/58>>52

货物或应税劳务名称	规格型号	计量单位	数量	单价	金额	税率(%)	税额
铣床	S301	台	5	20000.00	100000.00	17	17000.00
合计					100000.00		17000.00
税价合计（大写）	⊗壹拾万元整						

销货单位	名称：蚌埠市宏达设备有限公司 纳税人识别号：120948278495 地址、电话：蚌埠市人民路 493 号 0552－37489204 开户行及账号：蚌埠市农行人民路支行 9482029487532	备注	

第二联 发票联 购货方记账凭证

纳税人： 复核： 开票人：石之磊 开票单位：（章）

图 4.9 增值税专用发票

先付 100 000 元，余款验收付款（图 4.10）。

中国工商银行 (皖)
转账支票存根
№ 02031219

附加信息

出票日期 20＊4 年 01 月 15 日

收款人:蚌埠宏达设备公司
金　额:¥100000.00
用　途:购铣床

单位主管:赵佑保　会计:钱玉玲

图 4.10　银行转账支票存根

第四笔经济业务:销售部沈阳明借款 20 000 元(图 4.11、图 4.12)。

借　款　单

20＊4 年 1 月 20 日

借款部门	销售部	借款人	沈阳明
借款事由	参加展销传动		
借款金额	人民币(大写)贰万元整　¥20000.00		
审批	部门负责人: 情况属实 周国强	单位负责人: 同意借款 马清秋 2004 年 1 月 20 日	

图 4.11　借款单

中国工商银行 (皖)
现金支票存根
№ 01091771

附加信息

出票日期 20＊4 年 01 月 20 日

收款人:巢湖市华宇有限责任公司
金　额:¥20000.00
用　途:参加展销会

单位主管:赵佑保　会计:钱玉玲

图 4.12　银行现金支票存根

第五笔经济业务：支付欠合肥河源商贸有限公司部分货款 30 000 元(图 4.13、图 4.14)。

付 款 凭 单

20＊3 年 10 月 15 日　　　　№ 2009456

一、基本情况								
收款单位	合肥市河源商贸有限公司			电　话	0551－3256412			
开户银行	农行合肥市蒙城路支行			账　号	5264200036546			
单位地址：	合肥市蒙城路 1234 号							
合同编号	20＊3035			发票编号	00048921			
应付金额	120 000			发票日期	20＊3 年 10 月 12 日			
二、付款记录								
付款次数	付款日期	付款方式	付款金额	未付金额	经办	审批	出纳	稽核
1	＊3/11/21	转账支票	50 000	70 000	赵成功	马清秋	钱玉玲	周淑娟
2	＊4/01/26	转账支票	30 000	40 000	赵成功	马清秋	钱玉玲	周淑娟
3								
4								
5								
6								
7								

图 4.13　付款凭单

中国工商银行
转账支票存根　(皖)

№ 02031232

附加信息

出票日期 20＊4 年 01 月 26 日

收款人：合肥河源商贸
金　额：¥30000.00
用　途：偿还借款

单位主管：赵佑保　会计：钱玉玲

图 4.14　银行转账支票存根

实训要求

根据实训资料填制付款凭证(表 4.13～表 4.18)。

表 4.13 付款凭证

凭证字:______

贷方科目:　　　　年　月　日　　　　凭证号:______

摘　　要	借方总账科目	明细科目	借方金额										记账符号	
			千	百	十	万	千	百	十	元	角	分		
合　　计														

附单据　张

会计主管:　　记账:　　出纳:　　审核:　　制单:

表 4.14 付款凭证

凭证字:______

贷方科目:　　　　年　月　日　　　　凭证号:______

摘　　要	借方总账科目	明细科目	借方金额										记账符号	
			千	百	十	万	千	百	十	元	角	分		
合　　计														

附单据　张

会计主管:　　记账:　　出纳:　　审核:　　制单:

表 4.15 付款凭证

凭证字:______

贷方科目:　　　　年　月　日　　　　凭证号:______

摘　　要	借方总账科目	明细科目	借方金额										记账符号	
			千	百	十	万	千	百	十	元	角	分		
合　　计														

附单据　张

会计主管:　　记账:　　出纳:　　审核:　　制单:

表 4.16 付款凭证

凭证字：______

贷方科目： 年 月 日 凭证号：______

摘 要	借方总账科目	明细科目	借方金额										记账符号
			千	百	十	万	千	百	十	元	角	分	
合 计													

附单据 张

会计主管： 记账： 出纳： 审核： 制单：

表 4.17 付款凭证

凭证字：______

贷方科目： 年 月 日 凭证号：______

摘 要	借方总账科目	明细科目	借方金额										记账符号
			千	百	十	万	千	百	十	元	角	分	
合 计													

附单据 张

会计主管： 记账： 出纳： 审核： 制单：

表 4.18 付款凭证

凭证字：______

贷方科目： 年 月 日 凭证号：______

摘 要	借方总账科目	明细科目	借方金额										记账符号
			千	百	十	万	千	百	十	元	角	分	
合 计													

附单据 张

会计主管： 记账： 出纳： 审核： 制单：

任务四 转账凭证和通用记账凭证填制训练

实训目的

(1) 明确转账凭证和通用记账凭证的基本要素；
(2) 掌握填制转账凭证和通用记账凭证的操作技能。

实训时间

完成本次实训需 2 学时。

实训用品

转账凭证或通用记账凭证若干张。

实训资料

第一笔经济业务:机修车间领用乙材料 40 千克,计 360 元(表 4.19)。

表 4.19 领料单

编号:9024

领料部门:机修车间　　开单日期:20＊4 年 10 月 13 日
发料仓库:　　发料日期:20＊4 年 10 月 13 日　　限　　天有效

货位编号	材料名称	型号规格	单位	数量		单价	金额
				请领	实领		
	乙材料		千克	40	40	9	360
领料根据及用途:修理磨床							

第三联 记账

发料:王峰　　仓库主管:商凯　　车间主管:申兰　　领料:沙宝

第二笔经济业务:没收九龙商贸公司逾期未退包装物押金 12 000 元(图 4.15)。

证 明

财 务 部：

九龙商贸公司购买商品时借用木箱 150 个，现逾期未退，根据双方事先合同约定：没收其押金 12 000 元。

财务专用章 销 售 部
20＊4-10-25

图 4.15

第三笔经济业务：分配本月制造费用（表 4.20）。

表 4.20 制造费用分配表

受益产品	生产工时	分配率	分配额（元）
风机	12 540		17 098
百叶窗	13 570		18 502
合 计	26 110	1.363 5	35 600

财务科长：薛易　　　　制表人：刘明

第四笔经济业务：摊销本月无形资产（专利权）1 000 元（表 4.21）。

表 4.21 无形资产摊销分配表

20＊4 年 10 月 31 日

项 目	摊销时间	摊销金额（元）	备 注
专利权	2009 年 12 月	1 000	行政部门
合 计		1 000	

财务科长：薛易　　　　制表人：刘明

第五笔经济业务：部分损益类账户本月发生额，合计 220 814 元（表 4.22）。

表 4.22 部分损益类账户本月发生额汇总表

20＊4 年 10 月 31 日

损益（成本费用）类账户	金额（元）
主营业务成本	125 680
其他业务成本	3 600
营业税金及附加	11 520
销售费用	41 890
财务费用	420
管理费用	37 704

续表

损益(成本费用)类账户	金额(元)
合计	220 814

财务科长:薛易　　　　　　　　　　　　　　制表人:刘明

实训要求

根据实训资料填制转账凭证(表 4.23～表 4.28)

表 4.23　转账凭证

凭证字:______

年　月　日　　　　凭证号:______

摘　要	总账科目	明细科目	借方金额										贷方金额										记账符号
			千	百	十	万	千	百	十	元	角	分	千	百	十	万	千	百	十	元	角	分	
合　计																							

附单据　张

会计主管:　　　记账:　　　审核:　　　制单:

表 4.25　转账凭证

凭证字:______

年　月　日　　　　凭证号:______

摘　要	总账科目	明细科目	借方金额										贷方金额										记账符号
			千	百	十	万	千	百	十	元	角	分	千	百	十	万	千	百	十	元	角	分	
合　计																							

附单据　张

会计主管:　　　记账:　　　审核:　　　制单:

表 4.26　转账凭证

凭证字：______

年　月　日　　凭证号：______

摘　要	总账科目	明细科目	借方金额										贷方金额										记账符号
			千	百	十	万	千	百	十	元	角	分	千	百	十	万	千	百	十	元	角	分	
合　计																							

附单据　张

会计主管：　　记账：　　审核：　　制单：

表 4.27　转账凭证

凭证字：______

年　月　日　　凭证号：______

摘　要	总账科目	明细科目	借方金额										贷方金额										记账符号
			千	百	十	万	千	百	十	元	角	分	千	百	十	万	千	百	十	元	角	分	
合　计																							

附单据　张

会计主管：　　记账：　　审核：　　制单：

表 4.28　转账凭证

凭证字：______

年　月　日　　凭证号：______

摘　要	总账科目	明细科目	借方金额										贷方金额										记账符号
			千	百	十	万	千	百	十	元	角	分	千	百	十	万	千	百	十	元	角	分	
合　计																							

附单据　张

会计主管：　　记账：　　审核：　　制单：

任务五　汇总记账凭证填制训练

实训目的

(1) 明确汇总记账凭证的基本要素；
(2) 熟悉汇总记账凭证汇总与填制的基本程序。

实训时间

完成本次实训需2学时。

实训用品

汇总收款凭证、汇总付款凭证、汇总转账凭证若干张。

实训资料

请阅读表4.29～表4.75所列的实训资料，完成相关实训要求。

表4.29　收款凭证

凭证字：现收

借方科目：库存现金　　　　20＊4年12月2日　　　　凭证号：1

摘要	贷方总账科目	明细科目	贷方金额										记账符号
			千	百	十	万	千	百	十	元	角	分	
刘明退回多借的差旅费	其他应收款								2	0	0	0	
合计								￥	2	0	0	0	

附单据　张

会计主管：　　记账：　　出纳：钱玉玲　　审核：周淑娟　　制单：李梅雪

表 4.30 收款凭证

凭证字：银收

借方科目：银行存款　　　　20＊4 年 12 月 2 日　　　　凭证号：1

摘　　要	贷方总账科目	明细科目	贷方金额										记账符号
			千	百	十	万	千	百	十	元	角	分	
从银行借入短期借款	短期借款					8	0	0	0	0	0	0	
合　　计					¥	8	0	0	0	0	0	0	

附单据　张

会计主管：　　　记账：　　　出纳：周淑娟　　　审核：周淑娟　　　制单：李梅雪

表 4.31 收款凭证

凭证字：银收

借方科目：银行存款　　　　20＊4 年 12 月 17 日　　　　凭证号：2

摘　　要	贷方总账科目	明细科目	贷方金额										记账符号
			千	百	十	万	千	百	十	元	角	分	
销售 A 产品给 M 公司	主营业务收入					4	5	0	0	0	0	0	
	应交税费	应交增值税					7	6	5	0	0	0	
合　　计					¥	5	2	6	5	0	0	0	

附单据　张

会计主管：　　　记账：　　　出纳：钱玉玲　　　审核：周淑娟　　　制单：李梅雪

表 4.32 收款凭证

凭证字：银收

借方科目：银行存款　　20＊4 年 12 月 19 日　　凭证号：3

摘　要	贷方总账科目	明细科目	贷方金额										记账符号
			千	百	十	万	千	百	十	元	角	分	
预收 P 公司货款	预收账款					2	2	0	0	0	0	0	
合　计					¥	2	2	0	0	0	0	0	

附单据　张

会计主管：　记账：　出纳：钱玉玲　审核：周淑娟　制单：李梅雪

表 4.33 收款凭证

凭证字：银收

借方科目：银行存款　　20＊4 年 12 月 19 日　　凭证号：4

摘　要	贷方总账科目	明细科目	贷方金额										记账符号
			千	百	十	万	千	百	十	元	角	分	
收到 N 公司前欠货款	应收账款					3	5	1	0	0	0	0	
合　计					¥	3	5	1	0	0	0	0	

附单据　张

会计主管：　记账：　出纳：钱玉玲　审核：周淑娟　制单：李梅雪

表 4.34 付款凭证

凭证字：现付

贷方科目：库存现金 20＊4 年 12 月 3 日 凭证号：1

摘要	借方总账科目	明细科目	借方金额										记账符号
			千	百	十	万	千	百	十	元	角	分	
支付安装设备运杂费	在建工程							2	0	0	0	0	
合计							¥	2	0	0	0	0	

附单据 张

会计主管： 记账： 出纳：钱玉玲 审核：周淑娟 制单：李梅雪

表 4.35 付款凭证

凭证字：现付

贷方科目：库存现金 20＊4 年 12 月 4 日 凭证号：2

摘要	借方总账科目	明细科目	借方金额										记账符号
			千	百	十	万	千	百	十	元	角	分	
支付设备安装人员劳务费	在建工程							1	0	0	0	0	
合计							¥	1	0	0	0	0	

附单据 张

会计主管： 记账： 出纳：钱玉玲 审核：周淑娟 制单：李梅雪

表 4.36 付款凭证

凭证字：现付

贷方科目：库存现金　　20*4 年 12 月 9 日　　凭证号：3

摘要	借方总账科目	明细科目	借方金额										记账符号
			千	百	十	万	千	百	十	元	角	分	
支付采购员刘明预借款	其他应收款							2	4	0	0	0	
合　计							¥	2	4	0	0	0	

附单据　张

会计主管：　　记账：　　出纳：钱玉玲　　审核：周淑娟　　制单：李梅雪

表 4.37 付款凭证

凭证字：现付

贷方科目：库存现金　　20*4 年 12 月 10 日　　凭证号：4

摘要	借方总账科目	明细科目	借方金额										记账符号
			千	百	十	万	千	百	十	元	角	分	
支付材料运杂费	材料采购							1	8	0	0	0	
合　计							¥	1	8	0	0	0	

附单据　张

会计主管：　　记账：　　出纳：钱玉玲　　审核：周淑娟　　制单：李梅雪

表 4.38 付款凭证

凭证字：现付

贷方科目:库存现金　　　　20＊4 年 12 月 30 日　　　　凭证号：5

摘　　要	借方总账科目	明细科目	借方金额										记账符号
			千	百	十	万	千	百	十	元	角	分	
以现金发放工资	应付职工薪酬					1	9	6	0	0	0	0	
合　　计					¥	1	9	6	0	0	0	0	

附单据　张

会计主管：　　记账：　　出纳：钱玉玲　　审核：周淑娟　　制单：李梅雪

表 4.39 付款凭证

凭证字：银付

贷方科目:银行存款　　　　20＊4 年 12 月 3 日　　　　凭证号：1

摘　　要	借方总账科目	明细科目	借方金额										记账符号
			千	百	十	万	千	百	十	元	角	分	
购入汽车一辆	固定资产					9	3	6	0	0	0	0	
合　　计					¥	9	3	6	0	0	0	0	

附单据　张

会计主管：　　记账：　　出纳：钱玉玲　　审核：周淑娟　　制单：李梅雪

表 4.40 付款凭证

凭证字：银付

贷方科目：银行存款　　20＊4 年 12 月 3 日　　凭证号：2

摘要	借方总账科目	明细科目	借方金额										记账符号
			千	百	十	万	千	百	十	元	角	分	
购入安装设备	在建工程					2	3	4	0	0	0	0	
合计					¥	2	3	4	0	0	0	0	

附单据　张

会计主管：　记账：　出纳：钱玉玲　审核：周淑娟　制单：李梅雪

表 4.41 付款凭证

凭证字：银付

贷方科目：银行存款　　20＊4 年 12 月 9 日　　凭证号：3

摘要	借方总账科目	明细科目	借方金额										记账符号
			千	百	十	万	千	百	十	元	角	分	
支付材料采购费	材料采购							8	0	0	0	0	
合计							¥	8	0	0	0	0	

附单据　张

会计主管：　记账：　出纳：钱玉玲　审核：周淑娟　制单：李梅雪

表 4.42 付款凭证

凭证字：银付

贷方科目：银行存款　　　　20＊4 年 12 月 10 日　　　　凭证号：4

摘　要	借方总账科目	明细科目	借方金额										记账符号
			千	百	十	万	千	百	十	元	角	分	
支付材料采购货款	材料采购					1	0	9	0	0	0	0	
	应交税费	应交增值税					1	8	5	3	0	0	
合　计					¥	1	2	7	5	3	0	0	

附单据　张

会计主管：　　记账：　　出纳：钱玉玲　　审核：周淑娟　　制单：李梅雪

表 4.43 付款凭证

凭证字：银付

贷方科目：银行存款　　　　20＊4 年 12 月 10 日　　　　凭证号：5

摘　要	借方总账科目	明细科目	借方金额										记账符号
			千	百	十	万	千	百	十	元	角	分	
支付前欠材料款	应付账款					5	0	5	4	4	0	0	
合　计					¥	5	0	5	4	4	0	0	

附单据　张

会计主管：　　记账：　　出纳：钱玉玲　　审核：周淑娟　　制单：李梅雪

表 4.44 付款凭证

凭证字：银付

贷方科目：银行存款　　　　20＊4 年 12 月 17 日　　　　凭证号：6

摘　　要	借方总账科目	明细科目	借方金额										记账符号
			千	百	十	万	千	百	十	元	角	分	
支付短期借款手续费	财务费用							1	0	0	0	0	
合　　计							¥	1	0	0	0	0	

附单据　张

会计主管：　　记账：　　出纳：钱玉玲　　审核：周淑娟　　制单：李梅雪

表 4.45 付款凭证

凭证字：银付

贷方科目：银行存款　　　　20＊4 年 12 月 20 日　　　　凭证号：7

摘　　要	借方总账科目	明细科目	借方金额										记账符号
			千	百	十	万	千	百	十	元	角	分	
退还 P 公司多余的预收款	预收账款							9	4	0	0	0	
合　　计							¥	9	4	0	0	0	

附单据　张

会计主管：　　记账：　　出纳：钱玉玲　　审核：周淑娟　　制单：李梅雪

表 4.46　付款凭证

凭证字：银付

贷方科目：银行存款　　20＊4 年 12 月 20 日　　凭证号：8

摘　要	借方总账科目	明细科目	借方金额										记账符号
			千	百	十	万	千	百	十	元	角	分	
支付广告费、包装运输费	销售费用						3	3	0	0	0	0	
合　计						¥	3	3	0	0	0	0	

附单据　张

会计主管：　　记账：　　出纳：钱玉玲　　审核：周淑娟　　制单：李梅雪

表 4.47　付款凭证

凭证字：银付

贷方科目：银行存款　　20＊4 年 12 月 20 日　　凭证号：9

摘　要	借方总账科目	明细科目	借方金额										记账符号
			千	百	十	万	千	百	十	元	角	分	
缴纳上月应交增值税	应交税费	应交增值税				1	2	9	0	0	0	0	
合　计					¥	1	2	9	0	0	0	0	

附单据　张

会计主管：　　记账：　　出纳：钱玉玲　　审核：周淑娟　　制单：李梅雪

表 4.48 付款凭证

凭证字：银付

贷方科目：银行存款　　　　20＊4 年 12 月 24 日　　　　凭证号：10

摘　　要	借方总账科目	明细科目	借方金额										记账符号
			千	百	十	万	千	百	十	元	角	分	
公益性捐赠支出	营业外支出						2	0	0	0	0	0	
合　　计						¥	2	0	0	0	0	0	

附单据　张

会计主管：　　记账：　　出纳：钱玉玲　　审核：周淑娟　　制单：李梅雪

表 4.49 付款凭证

凭证字：银付

贷方科目：银行存款　　　　20＊4 年 12 月 30 日　　　　凭证号：11

摘　　要	借方总账科目	明细科目	借方金额										记账符号
			千	百	十	万	千	百	十	元	角	分	
从银行提取现金	现金					1	9	6	0	0	0	0	
合　　计					¥	1	9	6	0	0	0	0	

附单据　张

会计主管：　　记账：　　出纳：钱玉玲　　审核：周淑娟　　制单：李梅雪

表 4.50 付款凭证

凭证字：银付

贷方科目：银行存款　　　　20＊4 年 12 月 30 日　　　　凭证号：12

摘　要	借方总账科目	明细科目	借方金额										记账符号
			千	百	十	万	千	百	十	元	角	分	
支付办公用品费	管理费用							3	9	0	0	0	
合　计							¥	3	9	0	0	0	

附单据　张

会计主管：　　记账：　　出纳：钱玉玲　　审核：周淑娟　　制单：李梅雪

表 4.51 付款凭证

凭证字：银付

贷方科目：银行存款　　　　20＊4 年 12 月 30 日　　　　凭证号：13

摘　要	借方总账科目	明细科目	借方金额										记账符号
			千	百	十	万	千	百	十	元	角	分	
支付邮电费	管理费用							2	0	0	0	0	
合　计							¥	2	0	0	0	0	

附单据　张

会计主管：　　记账：　　出纳：钱玉玲　　审核：周淑娟　　制单：李梅雪

表 4.52 付款凭证

凭证字：银付

贷方科目：银行存款　　　　20＊4 年 12 月 30 日　　　　凭证号：14

摘　要	借方总账科目	明细科目	借方金额										记账符号
			千	百	十	万	千	百	十	元	角	分	
支付业务招待费	管理费用						1	0	0	0	0	0	
合　计						¥	1	0	0	0	0	0	

附单据　张

会计主管：　　记账：　　出纳：钱玉玲　　审核：周淑娟　　制单：李梅雪

表 4.53 转账凭证

凭证字：转

20＊4 年 12 月 2 日　　　　凭证号：1

摘　要	总账科目	明细科目	借方金额										贷方金额										记账符号
			千	百	十	万	千	百	十	元	角	分	千	百	十	万	千	百	十	元	角	分	
收到投资设备一台	固定资产					2	5	0	0	0	0	0											
	实收资本															2	5	0	0	0	0	0	
合　计					¥	2	5	0	0	0	0	0			¥	2	5	0	0	0	0	0	

附单据　张

会计主管：　　记账：　　审核：周淑娟　　制单：李梅雪

表 4.54 转账凭证

凭证字：转

20＊4 年 12 月 4 日　　　　凭证号：2

摘要	总账科目	明细科目	借方金额										贷方金额										记账符号
			千	百	十	万	千	百	十	元	角	分	千	百	十	万	千	百	十	元	角	分	
安装设备耗用材料	在建工程							1	5	0	0	0											
	原材料																	1	5	0	0	0	
合计							¥	1	5	0	0	0					¥	1	5	0	0	0	

附单据　张

会计主管：　　记账：　　审核：周淑娟　　制单：李梅雪

表 4.55 转账凭证

凭证字：转

20＊4 年 12 月 5 日　　　　凭证号：3

摘要	总账科目	明细科目	借方金额										贷方金额										记账符号
			千	百	十	万	千	百	十	元	角	分	千	百	十	万	千	百	十	元	角	分	
安装设备交付使用	固定资产					2	3	8	5	0	0	0											
	在建工程															2	3	8	5	0	0	0	
合计					¥	2	3	8	5	0	0	0			¥	2	3	8	5	0	0	0	

附单据　张

会计主管：　　记账：　　审核：周淑娟　　制单：李梅雪

表 4.56　转账凭证

凭证字：转

20＊4年12月6日　　　　凭证号：4

摘　要	总账科目	明细科目	借方金额										贷方金额										记账符号
			千	百	十	万	千	百	十	元	角	分	千	百	十	万	千	百	十	元	角	分	
购入甲材料，款项未付	材料采购					4	3	2	0	0	0	0											
	应交税费	应交增值税					7	3	4	0	0	0											
	应付账款															5	0	5	4	4	0	0	
合　计					¥	5	0	5	4	4	0	0			¥	5	0	5	4	4	0	0	

附单据　张

会计主管：　　记账：　　审核：周淑娟　　制单：李梅雪

表 4.57　转账凭证

凭证字：转

20＊4年12月12日　　　　凭证号：5

摘　要	总账科目	明细科目	借方金额										贷方金额										记账符号
			千	百	十	万	千	百	十	元	角	分	千	百	十	万	千	百	十	元	角	分	
刘明报销差旅费	管理费用							2	2	0	0	0											
	其他应收款																	2	2	0	0	0	
合　计							¥	2	2	0	0	0					¥	2	2	0	0	0	

附单据　张

会计主管：　　记账：　　审核：周淑娟　　制单：李梅雪

表 4.58 转账凭证

凭证字：转

20＊4年12月13日　　凭证号：6

摘　要	总账科目	明细科目	借方金额										贷方金额										记账符号
			千	百	十	万	千	百	十	元	角	分	千	百	十	万	千	百	十	元	角	分	
材料结转入库	原材料					5	5	0	8	0	0	0											
	材料采购															5	5	0	8	0	0	0	
合　计					¥	5	5	0	8	0	0	0			¥	5	5	0	8	0	0	0	

附单据　张

会计主管：　　记账：　　审核：周淑娟　　制单：李梅雪

表 4.59 转账凭证

凭证字：转

20＊4年12月16日　　凭证号：7

摘　要	总账科目	明细科目	借方金额										贷方金额										记账符号
			千	百	十	万	千	百	十	元	角	分	千	百	十	万	千	百	十	元	角	分	
产品生产耗用材料	生产成本					4	2	9	0	0	0	0											
	原材料															4	2	9	0	0	0	0	
合　计					¥	4	2	9	0	0	0	0			¥	4	2	9	0	0	0	0	

附单据　张

会计主管：　　记账：　　审核：周淑娟　　制单：李梅雪

表 4.60 转账凭证

凭证字：转

20＊4 年 12 月 18 日　　　　凭证号：8

摘　　要	总账科目	明细科目	借方金额										贷方金额										记账符号
			千	百	十	万	千	百	十	元	角	分	千	百	十	万	千	百	十	元	角	分	
赊销 N 公司 B 产品一批	应收账款					3	5	1	0	0	0	0											
	主营业务收入															3	0	0	0	0	0	0	
	应交税费	应交增值税															5	1	0	0	0	0	
合　　计					¥	3	5	1	0	0	0	0			¥	3	5	1	0	0	0	0	

附单据　张

会计主管：　　记账：　　审核：周淑娟　　制单：李梅雪

表 4.61 转账凭证

凭证字：转

20＊4 年 12 月 2 日　　　　凭证号：9

摘　　要	总账科目	明细科目	借方金额										贷方金额										记账符号
			千	百	十	万	千	百	十	元	角	分	千	百	十	万	千	百	十	元	角	分	
售给 P 公司 A 产品一批	预收账款					2	1	0	6	0	0	0											
	主营业务收入															1	8	0	0	0	0	0	
	应交税费	应交增值税															3	0	6	0	0	0	
合　　计					¥	2	1	0	6	0	0	0			¥	2	1	0	6	0	0	0	

附单据　张

会计主管：　　记账：　　审核：周淑娟　　制单：李梅雪

表 4.62 转账凭证

凭证字：转

20＊4 年 12 月 23 日　　　　凭证号：10

摘要	总账科目	明细科目	借方金额										贷方金额										记账符号
			千	百	十	万	千	百	十	元	角	分	千	百	十	万	千	百	十	元	角	分	
对外让售材料，款项尚未收到	应收账款						2	9	2	5	0	0											
	其他业务收入																2	5	0	0	0	0	
	应交税费	应交增值税																4	2	5	0	0	
合计						¥	2	9	2	5	0	0				¥	2	9	2	5	0	0	

附单据　张

会计主管：　　记账：　　审核：周淑娟　　制单：李梅雪

表 4.63 转账凭证

凭证字：转

20＊4 年 12 月 23 日　　　　凭证号：11

摘要	总账科目	明细科目	借方金额										贷方金额										记账符号
			千	百	十	万	千	百	十	元	角	分	千	百	十	万	千	百	十	元	角	分	
结转让售材料成本	其他业务支出						2	2	0	0	0	0											
	原材料																2	2	0	0	0	0	
合计						¥	2	2	0	0	0	0				¥	2	2	0	0	0	0	

附单据　张

会计主管：　　记账：　　审核：周淑娟　　制单：李梅雪

表 4.64 转账凭证

凭证字：转

20＊4 年 12 月 24 日　　凭证号：12

摘要	总账科目	明细科目	借方金额										贷方金额										记账符号
			千	百	十	万	千	百	十	元	角	分	千	百	十	万	千	百	十	元	角	分	
其他单位应付款现无法支付	其他应付款							5	0	0	0	0											
	营业外收入																	5	0	0	0	0	
合计							¥	5	0	0	0	0					¥	5	0	0	0	0	

附单据　张

会计主管：　　记账：　　审核：周淑娟　　制单：李梅雪

表 4.65 转账凭证

凭证字：转

20＊4 年 12 月 24 日　　凭证号：13

摘要	总账科目	明细科目	借方金额										贷方金额										记账符号
			千	百	十	万	千	百	十	元	角	分	千	百	十	万	千	百	十	元	角	分	
结转固定资产清理净损失	营业外支出							5	0	0	0	0											
	固定资产清理																	5	0	0	0	0	
合计							¥	5	0	0	0	0					¥	5	0	0	0	0	

附单据　张

会计主管：　　记账：　　审核：周淑娟　　制单：李梅雪

表 4.66 转账凭证

凭证字：转

20＊4 年 12 月 26 日　　凭证号：14

摘　要	总账科目	明细科目	借方金额										贷方金额										记账符号
			千	百	十	万	千	百	十	元	角	分	千	百	十	万	千	百	十	元	角	分	
结算本月生产工人工资	生产成本					1	9	6	0	0	0	0											
	应付职工薪酬	工资														1	9	6	0	0	0	0	
合　计					¥	1	9	6	0	0	0	0			¥	1	9	6	0	0	0	0	

附单据　张

会计主管：　　记账：　　审核：周淑娟　　制单：李梅雪

表 4.67 转账凭证

凭证字：转

20＊4 年 12 月 26 日　　凭证号：15

摘　要	总账科目	明细科目	借方金额										贷方金额										记账符号
			千	百	十	万	千	百	十	元	角	分	千	百	十	万	千	百	十	元	角	分	
计提职工福利费	生产成本						2	7	4	4	0	0											
	应付职工薪酬	职工福利费															2	7	4	4	0	0	
合　计						¥	2	7	4	4	0	0				¥	2	7	4	4	0	0	

附单据　张

会计主管：　　记账：　　审核：周淑娟　　制单：李梅雪

表 4.68 转账凭证

凭证字：转

20＊4 年 12 月 31 日　　凭证号：16

摘要	总账科目	明细科目	借方金额										贷方金额										记账符号
			千	百	十	万	千	百	十	元	角	分	千	百	十	万	千	百	十	元	角	分	
应计利息费用	财务费用						5	0	0	0	0	0											
	应付利息																5	0	0	0	0	0	
合计						¥	5	0	0	0	0	0				¥	5	0	0	0	0	0	

附单据 张

会计主管：　　记账：　　审核：周淑娟　　制单：李梅雪

表 4.69 转账凭证

凭证字：转

20＊4 年 12 月 31 日　　凭证号：17

摘要	总账科目	明细科目	借方金额										贷方金额										记账符号
			千	百	十	万	千	百	十	元	角	分	千	百	十	万	千	百	十	元	角	分	
应计利息收入	应收利息						3	0	0	0	0	0											
	财务费用																3	0	0	0	0	0	
合计						¥	3	0	0	0	0	0				¥	3	0	0	0	0	0	

附单据 张

会计主管：　　记账：　　审核：周淑娟　　制单：李梅雪

表 4.70　转账凭证

凭证字：转

20＊4 年 12 月 31 日　　凭证号：18

摘　要	总账科目	明细科目	借方金额										贷方金额										记账符号
			千	百	十	万	千	百	十	元	角	分	千	百	十	万	千	百	十	元	角	分	
摊销财产保险费和报刊费	管理费用						1	5	0	0	0	0											
	预付账款																1	5	0	0	0	0	
合　计						¥	1	5	0	0	0	0				¥	1	5	0	0	0	0	

附单据　张

会计主管：　　记账：　　审核：周淑娟　　制单：李梅雪

表 4.71　转账凭证

凭证字：转

20＊4 年 12 月 31 日　　凭证号：19

摘　要	总账科目	明细科目	借方金额										贷方金额										记账符号
			千	百	十	万	千	百	十	元	角	分	千	百	十	万	千	百	十	元	角	分	
计算应交销售税金及附加	营业税金及附加						2	5	0	0	0	0											
	应交税费																2	5	0	0	0	0	
合　计						¥	2	5	0	0	0	0				¥	2	5	0	0	0	0	

附单据　张

会计主管：　　记账：　　审核：周淑娟　　制单：李梅雪

表 4.72 转账凭证

凭证字：转

20＊4 年 12 月 31 日　　凭证号：20

摘要	总账科目	明细科目	借方金额										贷方金额										记账符号
			千	百	十	万	千	百	十	元	角	分	千	百	十	万	千	百	十	元	角	分	
结转销售产品成本	主营业务成本					5	4	5	0	0	0	0											
	库存商品															5	4	5	0	0	0	0	
合计					¥	5	4	5	0	0	0	0			¥	5	4	5	0	0	0	0	

附单据　张

会计主管：　　记账：　　审核：周淑娟　　制单：李梅雪

表 4.73 转账凭证

凭证字：转

20＊4 年 12 月 31 日　　凭证号：21

摘要	总账科目	明细科目	借方金额										贷方金额										记账符号
			千	百	十	万	千	百	十	元	角	分	千	百	十	万	千	百	十	元	角	分	
结转本月的各种收入	主营业务收入					9	3	0	0	0	0	0											
	其他业务收入						2	5	0	0	0	0											
	营业外收入							5	0	0	0	0											
	本年利润															9	6	0	0	0	0	0	
合计					¥	9	6	0	0	0	0	0			¥	9	6	0	0	0	0	0	

附单据　张

会计主管：　　记账：　　审核：周淑娟　　制单：李梅雪

表 4.74 转账凭证

凭证字：转

20＊4 年 12 月 31 日　　凭证号：22 $\frac{1}{2}$

摘要	总账科目	明细科目	借方金额										贷方金额										记账符号
			千	百	十	万	千	百	十	元	角	分	千	百	十	万	千	百	十	元	角	分	
结转本月的各种成本费用	本年利润					7	0	4	1	0	0	0											
	主营业务成本															5	4	5	0	0	0	0	
	销售费用																3	3	0	0	0	0	
	营业税金及附加																2	5	0	0	0	0	
	其他业务支出																2	2	0	0	0	0	
合计																							

附单据　张

会计主管：　　记账：　　审核：周淑娟　　制单：李梅雪

表 4.75 转账凭证

凭证字：转

20＊4 年 12 月 31 日　　凭证号：22 $\frac{2}{2}$

摘要	总账科目	明细科目	借方金额										贷方金额										记账符号
			千	百	十	万	千	百	十	元	角	分	千	百	十	万	千	百	十	元	角	分	
	管理费用																3	3	1	0	0	0	
	财务费用																2	1	0	0	0	0	
	营业外支出																2	5	0	0	0	0	
合计					¥	7	0	4	1	0	0	0			¥	7	0	4	1	0	0	0	

附单据　张

会计主管：　　记账：　　审核：周淑娟　　制单：李梅雪

实训要求

根据实训资料填制汇总记账凭证(表 4.76～表 4.116)。

表 4.76 汇总收款凭证

借方科目： 年 月 汇收 第 号

贷方科目	金额																																								过账
	1—10 日										11—20 日										21—31 日										合计										
	千	百	十	万	千	百	十	元	角	分	千	百	十	万	千	百	十	元	角	分	千	百	十	万	千	百	十	元	角	分	千	百	十	万	千	百	十	元	角	分	
合计																																									

表 4.77 汇总收款凭证

借方科目： 年 月 汇收 第 号

贷方科目	金额																																								过账
	1—10 日										11—20 日										21—31 日										合计										
	千	百	十	万	千	百	十	元	角	分	千	百	十	万	千	百	十	元	角	分	千	百	十	万	千	百	十	元	角	分	千	百	十	万	千	百	十	元	角	分	
合计																																									

表 4.78 汇总付款凭证

贷方科目：　　　　　　　　　　　　年　　月　　　　　　　　　　　汇付　第　　号

借方科目	金额																																								过账
	1—10日										11—20日										21—31日										合计										
	千	百	十	万	千	百	十	元	角	分	千	百	十	万	千	百	十	元	角	分	千	百	十	万	千	百	十	元	角	分	千	百	十	万	千	百	十	元	角	分	
合　计																																									

表 4.79 汇总付款凭证

贷方科目：　　　　　　　　　　　　年　　月　　　　　　　　　　　汇付　第　　号

借方科目	金额																																								过账
	1—10日										11—20日										21—31日										合计										
	千	百	十	万	千	百	十	元	角	分	千	百	十	万	千	百	十	元	角	分	千	百	十	万	千	百	十	元	角	分	千	百	十	万	千	百	十	元	角	分	
合　计																																									

表 4.80 汇总转账凭证

贷方科目： 年 月 汇转 第 号

<table>
<tr><td rowspan="3">借方科目</td><td colspan="40">金 额</td><td rowspan="3">过账</td></tr>
<tr><td colspan="10">1—10 日</td><td colspan="10">11—20 日</td><td colspan="10">21—31 日</td><td colspan="10">合计</td></tr>
<tr><td>千</td><td>百</td><td>十</td><td>万</td><td>千</td><td>百</td><td>十</td><td>元</td><td>角</td><td>分</td><td>千</td><td>百</td><td>十</td><td>万</td><td>千</td><td>百</td><td>十</td><td>元</td><td>角</td><td>分</td><td>千</td><td>百</td><td>十</td><td>万</td><td>千</td><td>百</td><td>十</td><td>元</td><td>角</td><td>分</td><td>千</td><td>百</td><td>十</td><td>万</td><td>千</td><td>百</td><td>十</td><td>元</td><td>角</td><td>分</td></tr>
<tr><td></td><td colspan="40"></td><td></td></tr>
<tr><td></td><td colspan="40"></td><td></td></tr>
<tr><td></td><td colspan="40"></td><td></td></tr>
<tr><td></td><td colspan="40"></td><td></td></tr>
<tr><td>合 计</td><td colspan="40"></td><td></td></tr>
</table>

表 4.81 汇总转账凭证

贷方科目： 年 月 汇转 第 号

<table>
<tr><td rowspan="3">借方科目</td><td colspan="40">金 额</td><td rowspan="3">过账</td></tr>
<tr><td colspan="10">1—10 日</td><td colspan="10">11—20 日</td><td colspan="10">21—31 日</td><td colspan="10">合计</td></tr>
<tr><td>千</td><td>百</td><td>十</td><td>万</td><td>千</td><td>百</td><td>十</td><td>元</td><td>角</td><td>分</td><td>千</td><td>百</td><td>十</td><td>万</td><td>千</td><td>百</td><td>十</td><td>元</td><td>角</td><td>分</td><td>千</td><td>百</td><td>十</td><td>万</td><td>千</td><td>百</td><td>十</td><td>元</td><td>角</td><td>分</td><td>千</td><td>百</td><td>十</td><td>万</td><td>千</td><td>百</td><td>十</td><td>元</td><td>角</td><td>分</td></tr>
<tr><td></td><td colspan="40"></td><td></td></tr>
<tr><td></td><td colspan="40"></td><td></td></tr>
<tr><td></td><td colspan="40"></td><td></td></tr>
<tr><td></td><td colspan="40"></td><td></td></tr>
<tr><td>合 计</td><td colspan="40"></td><td></td></tr>
</table>

表 4.82 汇总转账凭证

贷方科目： 年 月 汇转 第 号

<table>
<tr><td rowspan="3">借方科目</td><td colspan="40">金 额</td><td rowspan="3">过账</td></tr>
<tr><td colspan="10">1—10 日</td><td colspan="10">11—20 日</td><td colspan="10">21—31 日</td><td colspan="10">合计</td></tr>
<tr><td>千</td><td>百</td><td>十</td><td>万</td><td>千</td><td>百</td><td>十</td><td>元</td><td>角</td><td>分</td><td>千</td><td>百</td><td>十</td><td>万</td><td>千</td><td>百</td><td>十</td><td>元</td><td>角</td><td>分</td><td>千</td><td>百</td><td>十</td><td>万</td><td>千</td><td>百</td><td>十</td><td>元</td><td>角</td><td>分</td><td>千</td><td>百</td><td>十</td><td>万</td><td>千</td><td>百</td><td>十</td><td>元</td><td>角</td><td>分</td></tr>
<tr><td></td><td colspan="40"></td><td></td></tr>
<tr><td></td><td colspan="40"></td><td></td></tr>
<tr><td></td><td colspan="40"></td><td></td></tr>
<tr><td></td><td colspan="40"></td><td></td></tr>
<tr><td>合 计</td><td colspan="40"></td><td></td></tr>
</table>

表 4.83 汇总转账凭证

贷方科目：　　　　　　年　　月　　　　　　汇转　第　　号

借方科目	金额																																								过账
	1—10日										11—20日										21—31日										合计										
	千	百	十	万	千	百	十	元	角	分	千	百	十	万	千	百	十	元	角	分	千	百	十	万	千	百	十	元	角	分	千	百	十	万	千	百	十	元	角	分	
合计																																									

表 4.84 汇总转账凭证

贷方科目：　　　　　　年　　月　　　　　　汇转　第　　号

借方科目	金额																																								过账
	1—10日										11—20日										21—31日										合计										
	千	百	十	万	千	百	十	元	角	分	千	百	十	万	千	百	十	元	角	分	千	百	十	万	千	百	十	元	角	分	千	百	十	万	千	百	十	元	角	分	
合计																																									

表 4.85 汇总转账凭证

贷方科目：　　　　　　年　　月　　　　　　汇转　第　　号

借方科目	金额																																								过账
	1—10日										11—20日										21—31日										合计										
	千	百	十	万	千	百	十	元	角	分	千	百	十	万	千	百	十	元	角	分	千	百	十	万	千	百	十	元	角	分	千	百	十	万	千	百	十	元	角	分	
合计																																									

表 4.86 汇总转账凭证

贷方科目： 年 月 汇转 第 号

借方科目	金额																																								过账
	1—10 日										11—20 日										21—31 日										合计										
	千	百	十	万	千	百	十	元	角	分	千	百	十	万	千	百	十	元	角	分	千	百	十	万	千	百	十	元	角	分	千	百	十	万	千	百	十	元	角	分	
合计																																									

表 4.87 汇总转账凭证

贷方科目： 年 月 汇转 第 号

借方科目	金额																																								过账
	1—10 日										11—20 日										21—31 日										合计										
	千	百	十	万	千	百	十	元	角	分	千	百	十	万	千	百	十	元	角	分	千	百	十	万	千	百	十	元	角	分	千	百	十	万	千	百	十	元	角	分	
合计																																									

表 4.88 汇总转账凭证

贷方科目： 年 月 汇转 第 号

借方科目	金额																																								过账
	1—10 日										11—20 日										21—31 日										合计										
	千	百	十	万	千	百	十	元	角	分	千	百	十	万	千	百	十	元	角	分	千	百	十	万	千	百	十	元	角	分	千	百	十	万	千	百	十	元	角	分	
合计																																									

表 4.89 汇总转账凭证

贷方科目：　　　　　　　　年　　月　　　　　　　　汇转　第　　号

借方科目	金额																																								过账
	1—10日										11—20日										21—31日										合计										
	千	百	十	万	千	百	十	元	角	分	千	百	十	万	千	百	十	元	角	分	千	百	十	万	千	百	十	元	角	分	千	百	十	万	千	百	十	元	角	分	
合计																																									

表 4.90 汇总转账凭证

贷方科目：　　　　　　　　年　　月　　　　　　　　汇转　第　　号

借方科目	金额																																								过账
	1—10日										11—20日										21—31日										合计										
	千	百	十	万	千	百	十	元	角	分	千	百	十	万	千	百	十	元	角	分	千	百	十	万	千	百	十	元	角	分	千	百	十	万	千	百	十	元	角	分	
合计																																									

表 4.91 汇总转账凭证

贷方科目：　　　　　　　　年　　月　　　　　　　　汇转　第　　号

借方科目	金额																																								过账
	1—10日										11—20日										21—31日										合计										
	千	百	十	万	千	百	十	元	角	分	千	百	十	万	千	百	十	元	角	分	千	百	十	万	千	百	十	元	角	分	千	百	十	万	千	百	十	元	角	分	
合计																																									

表 4.92 汇总转账凭证

贷方科目：　　　　年　　月　　　　汇转　第　　号

借方科目	金额																																								过账
	1—10 日										11—20 日										21—31 日										合计										
	千	百	十	万	千	百	十	元	角	分	千	百	十	万	千	百	十	元	角	分	千	百	十	万	千	百	十	元	角	分	千	百	十	万	千	百	十	元	角	分	
合　计																																									

表 4.93 汇总转账凭证

贷方科目：　　　　年　　月　　　　汇转　第　　号

借方科目	金额																																								过账
	1—10 日										11—20 日										21—31 日										合计										
	千	百	十	万	千	百	十	元	角	分	千	百	十	万	千	百	十	元	角	分	千	百	十	万	千	百	十	元	角	分	千	百	十	万	千	百	十	元	角	分	
合　计																																									

表 4.94 汇总转账凭证

贷方科目：　　　　年　　月　　　　汇转　第　　号

借方科目	金额																																								过账
	1—10 日										11—20 日										21—31 日										合计										
	千	百	十	万	千	百	十	元	角	分	千	百	十	万	千	百	十	元	角	分	千	百	十	万	千	百	十	元	角	分	千	百	十	万	千	百	十	元	角	分	
合　计																																									

表 4.95　汇总转账凭证

贷方科目：　　　　　　　　　　　年　　月　　　　　　　　　　汇转　第　　号

借方科目	金额																																								过账
	1—10日										11—20日										21—31日										合计										
	千	百	十	万	千	百	十	元	角	分	千	百	十	万	千	百	十	元	角	分	千	百	十	万	千	百	十	元	角	分	千	百	十	万	千	百	十	元	角	分	
合　计																																									

表 4.96　汇总转账凭证

贷方科目：　　　　　　　　　　　年　　月　　　　　　　　　　汇转　第　　号

借方科目	金额																																								过账
	1—10日										11—20日										21—31日										合计										
	千	百	十	万	千	百	十	元	角	分	千	百	十	万	千	百	十	元	角	分	千	百	十	万	千	百	十	元	角	分	千	百	十	万	千	百	十	元	角	分	
合　计																																									

表 4.97　汇总转账凭证

贷方科目：　　　　　　　　　　　年　　月　　　　　　　　　　汇转　第　　号

借方科目	金额																																								过账
	1—10日										11—20日										21—31日										合计										
	千	百	十	万	千	百	十	元	角	分	千	百	十	万	千	百	十	元	角	分	千	百	十	万	千	百	十	元	角	分	千	百	十	万	千	百	十	元	角	分	
合　计																																									

表 4.98　汇总转账凭证

贷方科目：　　　　　　　　　　年　　月　　　　　　　　　　汇转　第　　号

<table>
<tr><td rowspan="3">借方科目</td><td colspan="40">金　　额</td><td rowspan="3">过账</td></tr>
<tr><td colspan="10">1—10 日</td><td colspan="10">11—20 日</td><td colspan="10">21—31 日</td><td colspan="10">合计</td></tr>
<tr><td>千</td><td>百</td><td>十</td><td>万</td><td>千</td><td>百</td><td>十</td><td>元</td><td>角</td><td>分</td><td>千</td><td>百</td><td>十</td><td>万</td><td>千</td><td>百</td><td>十</td><td>元</td><td>角</td><td>分</td><td>千</td><td>百</td><td>十</td><td>万</td><td>千</td><td>百</td><td>十</td><td>元</td><td>角</td><td>分</td><td>千</td><td>百</td><td>十</td><td>万</td><td>千</td><td>百</td><td>十</td><td>元</td><td>角</td><td>分</td></tr>
<tr><td></td><td colspan="40"></td><td></td></tr>
<tr><td></td><td colspan="40"></td><td></td></tr>
<tr><td></td><td colspan="40"></td><td></td></tr>
<tr><td></td><td colspan="40"></td><td></td></tr>
<tr><td>合　计</td><td colspan="40"></td><td></td></tr>
</table>

表 4.99　汇总转账凭证

贷方科目：　　　　　　　　　　年　　月　　　　　　　　　　汇转　第　　号

<table>
<tr><td rowspan="3">借方科目</td><td colspan="40">金　　额</td><td rowspan="3">过账</td></tr>
<tr><td colspan="10">1—10 日</td><td colspan="10">11—20 日</td><td colspan="10">21—31 日</td><td colspan="10">合计</td></tr>
<tr><td>千</td><td>百</td><td>十</td><td>万</td><td>千</td><td>百</td><td>十</td><td>元</td><td>角</td><td>分</td><td>千</td><td>百</td><td>十</td><td>万</td><td>千</td><td>百</td><td>十</td><td>元</td><td>角</td><td>分</td><td>千</td><td>百</td><td>十</td><td>万</td><td>千</td><td>百</td><td>十</td><td>元</td><td>角</td><td>分</td><td>千</td><td>百</td><td>十</td><td>万</td><td>千</td><td>百</td><td>十</td><td>元</td><td>角</td><td>分</td></tr>
<tr><td></td><td colspan="40"></td><td></td></tr>
<tr><td></td><td colspan="40"></td><td></td></tr>
<tr><td></td><td colspan="40"></td><td></td></tr>
<tr><td></td><td colspan="40"></td><td></td></tr>
<tr><td>合　计</td><td colspan="40"></td><td></td></tr>
</table>

表 4.100　汇总转账凭证

贷方科目：　　　　　　　　　　年　　月　　　　　　　　　　汇转　第　　号

<table>
<tr><td rowspan="3">借方科目</td><td colspan="40">金　　额</td><td rowspan="3">过账</td></tr>
<tr><td colspan="10">1—10 日</td><td colspan="10">11—20 日</td><td colspan="10">21—31 日</td><td colspan="10">合计</td></tr>
<tr><td>千</td><td>百</td><td>十</td><td>万</td><td>千</td><td>百</td><td>十</td><td>元</td><td>角</td><td>分</td><td>千</td><td>百</td><td>十</td><td>万</td><td>千</td><td>百</td><td>十</td><td>元</td><td>角</td><td>分</td><td>千</td><td>百</td><td>十</td><td>万</td><td>千</td><td>百</td><td>十</td><td>元</td><td>角</td><td>分</td><td>千</td><td>百</td><td>十</td><td>万</td><td>千</td><td>百</td><td>十</td><td>元</td><td>角</td><td>分</td></tr>
<tr><td></td><td colspan="40"></td><td></td></tr>
<tr><td></td><td colspan="40"></td><td></td></tr>
<tr><td></td><td colspan="40"></td><td></td></tr>
<tr><td></td><td colspan="40"></td><td></td></tr>
<tr><td>合　计</td><td colspan="40"></td><td></td></tr>
</table>

表 4.101 汇总转账凭证

贷方科目：　　　　年　　月　　　　汇转 第 号

<table>
<tr><td rowspan="3">借方科目</td><td colspan="40">金　额</td><td rowspan="3">过账</td></tr>
<tr><td colspan="10">1—10 日</td><td colspan="10">11—20 日</td><td colspan="10">21—31 日</td><td colspan="10">合计</td></tr>
<tr><td>千</td><td>百</td><td>十</td><td>万</td><td>千</td><td>百</td><td>十</td><td>元</td><td>角</td><td>分</td><td>千</td><td>百</td><td>十</td><td>万</td><td>千</td><td>百</td><td>十</td><td>元</td><td>角</td><td>分</td><td>千</td><td>百</td><td>十</td><td>万</td><td>千</td><td>百</td><td>十</td><td>元</td><td>角</td><td>分</td><td>千</td><td>百</td><td>十</td><td>万</td><td>千</td><td>百</td><td>十</td><td>元</td><td>角</td><td>分</td></tr>
<tr><td></td><td></td><td></td><td></td><td></td><td></td><td></td><td></td><td></td><td></td><td></td><td></td><td></td><td></td><td></td><td></td><td></td><td></td><td></td><td></td><td></td><td></td><td></td><td></td><td></td><td></td><td></td><td></td><td></td><td></td><td></td><td></td><td></td><td></td><td></td><td></td><td></td><td></td><td></td><td></td><td></td><td></td></tr>
<tr><td></td><td></td><td></td><td></td><td></td><td></td><td></td><td></td><td></td><td></td><td></td><td></td><td></td><td></td><td></td><td></td><td></td><td></td><td></td><td></td><td></td><td></td><td></td><td></td><td></td><td></td><td></td><td></td><td></td><td></td><td></td><td></td><td></td><td></td><td></td><td></td><td></td><td></td><td></td><td></td><td></td><td></td></tr>
<tr><td></td><td></td><td></td><td></td><td></td><td></td><td></td><td></td><td></td><td></td><td></td><td></td><td></td><td></td><td></td><td></td><td></td><td></td><td></td><td></td><td></td><td></td><td></td><td></td><td></td><td></td><td></td><td></td><td></td><td></td><td></td><td></td><td></td><td></td><td></td><td></td><td></td><td></td><td></td><td></td><td></td><td></td></tr>
<tr><td></td><td></td><td></td><td></td><td></td><td></td><td></td><td></td><td></td><td></td><td></td><td></td><td></td><td></td><td></td><td></td><td></td><td></td><td></td><td></td><td></td><td></td><td></td><td></td><td></td><td></td><td></td><td></td><td></td><td></td><td></td><td></td><td></td><td></td><td></td><td></td><td></td><td></td><td></td><td></td><td></td><td></td></tr>
<tr><td>合　计</td><td></td><td></td><td></td><td></td><td></td><td></td><td></td><td></td><td></td><td></td><td></td><td></td><td></td><td></td><td></td><td></td><td></td><td></td><td></td><td></td><td></td><td></td><td></td><td></td><td></td><td></td><td></td><td></td><td></td><td></td><td></td><td></td><td></td><td></td><td></td><td></td><td></td><td></td><td></td><td></td><td></td></tr>
</table>

表 4.102 汇总转账凭证

贷方科目：　　　　年　　月　　　　汇转 第 号

<table>
<tr><td rowspan="3">借方科目</td><td colspan="40">金　额</td><td rowspan="3">过账</td></tr>
<tr><td colspan="10">1—10 日</td><td colspan="10">11—20 日</td><td colspan="10">21—31 日</td><td colspan="10">合计</td></tr>
<tr><td>千</td><td>百</td><td>十</td><td>万</td><td>千</td><td>百</td><td>十</td><td>元</td><td>角</td><td>分</td><td>千</td><td>百</td><td>十</td><td>万</td><td>千</td><td>百</td><td>十</td><td>元</td><td>角</td><td>分</td><td>千</td><td>百</td><td>十</td><td>万</td><td>千</td><td>百</td><td>十</td><td>元</td><td>角</td><td>分</td><td>千</td><td>百</td><td>十</td><td>万</td><td>千</td><td>百</td><td>十</td><td>元</td><td>角</td><td>分</td></tr>
<tr><td></td><td></td><td></td><td></td><td></td><td></td><td></td><td></td><td></td><td></td><td></td><td></td><td></td><td></td><td></td><td></td><td></td><td></td><td></td><td></td><td></td><td></td><td></td><td></td><td></td><td></td><td></td><td></td><td></td><td></td><td></td><td></td><td></td><td></td><td></td><td></td><td></td><td></td><td></td><td></td><td></td><td></td></tr>
<tr><td></td><td></td><td></td><td></td><td></td><td></td><td></td><td></td><td></td><td></td><td></td><td></td><td></td><td></td><td></td><td></td><td></td><td></td><td></td><td></td><td></td><td></td><td></td><td></td><td></td><td></td><td></td><td></td><td></td><td></td><td></td><td></td><td></td><td></td><td></td><td></td><td></td><td></td><td></td><td></td><td></td><td></td></tr>
<tr><td></td><td></td><td></td><td></td><td></td><td></td><td></td><td></td><td></td><td></td><td></td><td></td><td></td><td></td><td></td><td></td><td></td><td></td><td></td><td></td><td></td><td></td><td></td><td></td><td></td><td></td><td></td><td></td><td></td><td></td><td></td><td></td><td></td><td></td><td></td><td></td><td></td><td></td><td></td><td></td><td></td><td></td></tr>
<tr><td></td><td></td><td></td><td></td><td></td><td></td><td></td><td></td><td></td><td></td><td></td><td></td><td></td><td></td><td></td><td></td><td></td><td></td><td></td><td></td><td></td><td></td><td></td><td></td><td></td><td></td><td></td><td></td><td></td><td></td><td></td><td></td><td></td><td></td><td></td><td></td><td></td><td></td><td></td><td></td><td></td><td></td></tr>
<tr><td>合　计</td><td></td><td></td><td></td><td></td><td></td><td></td><td></td><td></td><td></td><td></td><td></td><td></td><td></td><td></td><td></td><td></td><td></td><td></td><td></td><td></td><td></td><td></td><td></td><td></td><td></td><td></td><td></td><td></td><td></td><td></td><td></td><td></td><td></td><td></td><td></td><td></td><td></td><td></td><td></td><td></td><td></td></tr>
</table>

表 4.103 汇总转账凭证

贷方科目：　　　　年　　月　　　　汇转 第 号

<table>
<tr><td rowspan="3">借方科目</td><td colspan="40">金　额</td><td rowspan="3">过账</td></tr>
<tr><td colspan="10">1—10 日</td><td colspan="10">11—20 日</td><td colspan="10">21—31 日</td><td colspan="10">合计</td></tr>
<tr><td>千</td><td>百</td><td>十</td><td>万</td><td>千</td><td>百</td><td>十</td><td>元</td><td>角</td><td>分</td><td>千</td><td>百</td><td>十</td><td>万</td><td>千</td><td>百</td><td>十</td><td>元</td><td>角</td><td>分</td><td>千</td><td>百</td><td>十</td><td>万</td><td>千</td><td>百</td><td>十</td><td>元</td><td>角</td><td>分</td><td>千</td><td>百</td><td>十</td><td>万</td><td>千</td><td>百</td><td>十</td><td>元</td><td>角</td><td>分</td></tr>
<tr><td></td><td></td><td></td><td></td><td></td><td></td><td></td><td></td><td></td><td></td><td></td><td></td><td></td><td></td><td></td><td></td><td></td><td></td><td></td><td></td><td></td><td></td><td></td><td></td><td></td><td></td><td></td><td></td><td></td><td></td><td></td><td></td><td></td><td></td><td></td><td></td><td></td><td></td><td></td><td></td><td></td><td></td></tr>
<tr><td></td><td></td><td></td><td></td><td></td><td></td><td></td><td></td><td></td><td></td><td></td><td></td><td></td><td></td><td></td><td></td><td></td><td></td><td></td><td></td><td></td><td></td><td></td><td></td><td></td><td></td><td></td><td></td><td></td><td></td><td></td><td></td><td></td><td></td><td></td><td></td><td></td><td></td><td></td><td></td><td></td><td></td></tr>
<tr><td></td><td></td><td></td><td></td><td></td><td></td><td></td><td></td><td></td><td></td><td></td><td></td><td></td><td></td><td></td><td></td><td></td><td></td><td></td><td></td><td></td><td></td><td></td><td></td><td></td><td></td><td></td><td></td><td></td><td></td><td></td><td></td><td></td><td></td><td></td><td></td><td></td><td></td><td></td><td></td><td></td><td></td></tr>
<tr><td></td><td></td><td></td><td></td><td></td><td></td><td></td><td></td><td></td><td></td><td></td><td></td><td></td><td></td><td></td><td></td><td></td><td></td><td></td><td></td><td></td><td></td><td></td><td></td><td></td><td></td><td></td><td></td><td></td><td></td><td></td><td></td><td></td><td></td><td></td><td></td><td></td><td></td><td></td><td></td><td></td><td></td></tr>
<tr><td>合　计</td><td></td><td></td><td></td><td></td><td></td><td></td><td></td><td></td><td></td><td></td><td></td><td></td><td></td><td></td><td></td><td></td><td></td><td></td><td></td><td></td><td></td><td></td><td></td><td></td><td></td><td></td><td></td><td></td><td></td><td></td><td></td><td></td><td></td><td></td><td></td><td></td><td></td><td></td><td></td><td></td><td></td></tr>
</table>

表 4.104　汇总转账凭证

贷方科目：　　　　年　　月　　　　汇转　第　　号

<table>
<tr><td rowspan="3">借方科目</td><td colspan="40">金　　额</td><td rowspan="3">过账</td></tr>
<tr><td colspan="10">1—10 日</td><td colspan="10">11—20 日</td><td colspan="10">21—31 日</td><td colspan="10">合计</td></tr>
<tr><td>千</td><td>百</td><td>十</td><td>万</td><td>千</td><td>百</td><td>十</td><td>元</td><td>角</td><td>分</td><td>千</td><td>百</td><td>十</td><td>万</td><td>千</td><td>百</td><td>十</td><td>元</td><td>角</td><td>分</td><td>千</td><td>百</td><td>十</td><td>万</td><td>千</td><td>百</td><td>十</td><td>元</td><td>角</td><td>分</td><td>千</td><td>百</td><td>十</td><td>万</td><td>千</td><td>百</td><td>十</td><td>元</td><td>角</td><td>分</td></tr>
<tr><td></td><td colspan="40"></td><td></td></tr>
<tr><td></td><td colspan="40"></td><td></td></tr>
<tr><td></td><td colspan="40"></td><td></td></tr>
<tr><td></td><td colspan="40"></td><td></td></tr>
<tr><td>合　计</td><td colspan="40"></td><td></td></tr>
</table>

表 4.105　汇总转账凭证

贷方科目：　　　　年　　月　　　　汇转　第　　号

<table>
<tr><td rowspan="3">借方科目</td><td colspan="40">金　　额</td><td rowspan="3">过账</td></tr>
<tr><td colspan="10">1—10 日</td><td colspan="10">11—20 日</td><td colspan="10">21—31 日</td><td colspan="10">合计</td></tr>
<tr><td>千</td><td>百</td><td>十</td><td>万</td><td>千</td><td>百</td><td>十</td><td>元</td><td>角</td><td>分</td><td>千</td><td>百</td><td>十</td><td>万</td><td>千</td><td>百</td><td>十</td><td>元</td><td>角</td><td>分</td><td>千</td><td>百</td><td>十</td><td>万</td><td>千</td><td>百</td><td>十</td><td>元</td><td>角</td><td>分</td><td>千</td><td>百</td><td>十</td><td>万</td><td>千</td><td>百</td><td>十</td><td>元</td><td>角</td><td>分</td></tr>
<tr><td></td><td colspan="40"></td><td></td></tr>
<tr><td></td><td colspan="40"></td><td></td></tr>
<tr><td></td><td colspan="40"></td><td></td></tr>
<tr><td></td><td colspan="40"></td><td></td></tr>
<tr><td>合　计</td><td colspan="40"></td><td></td></tr>
</table>

表 4.106　汇总转账凭证

贷方科目：　　　　年　　月　　　　汇转　第　　号

<table>
<tr><td rowspan="3">借方科目</td><td colspan="40">金　　额</td><td rowspan="3">过账</td></tr>
<tr><td colspan="10">1—10 日</td><td colspan="10">11—20 日</td><td colspan="10">21—31 日</td><td colspan="10">合计</td></tr>
<tr><td>千</td><td>百</td><td>十</td><td>万</td><td>千</td><td>百</td><td>十</td><td>元</td><td>角</td><td>分</td><td>千</td><td>百</td><td>十</td><td>万</td><td>千</td><td>百</td><td>十</td><td>元</td><td>角</td><td>分</td><td>千</td><td>百</td><td>十</td><td>万</td><td>千</td><td>百</td><td>十</td><td>元</td><td>角</td><td>分</td><td>千</td><td>百</td><td>十</td><td>万</td><td>千</td><td>百</td><td>十</td><td>元</td><td>角</td><td>分</td></tr>
<tr><td></td><td colspan="40"></td><td></td></tr>
<tr><td></td><td colspan="40"></td><td></td></tr>
<tr><td></td><td colspan="40"></td><td></td></tr>
<tr><td></td><td colspan="40"></td><td></td></tr>
<tr><td>合　计</td><td colspan="40"></td><td></td></tr>
</table>

表 4.107 汇总转账凭证

贷方科目： 年 月 汇转 第 号

借方科目	金额																																								过账
	1—10日										11—20日										21—31日										合计										
	千	百	十	万	千	百	十	元	角	分	千	百	十	万	千	百	十	元	角	分	千	百	十	万	千	百	十	元	角	分	千	百	十	万	千	百	十	元	角	分	
合计																																									

表 4.108 汇总转账凭证

贷方科目： 年 月 汇转 第 号

借方科目	金额																																								过账
	1—10日										11—20日										21—31日										合计										
	千	百	十	万	千	百	十	元	角	分	千	百	十	万	千	百	十	元	角	分	千	百	十	万	千	百	十	元	角	分	千	百	十	万	千	百	十	元	角	分	
合计																																									

表 4.109 汇总转账凭证

贷方科目： 年 月 汇转 第 号

借方科目	金额																																								过账
	1—10日										11—20日										21—31日										合计										
	千	百	十	万	千	百	十	元	角	分	千	百	十	万	千	百	十	元	角	分	千	百	十	万	千	百	十	元	角	分	千	百	十	万	千	百	十	元	角	分	
合计																																									

表 4.110 汇总转账凭证

贷方科目： 年 月 汇转 第 号

<table>
<tr><td rowspan="3">借方科目</td><td colspan="40">金 额</td><td rowspan="3">过账</td></tr>
<tr><td colspan="10">1—10 日</td><td colspan="10">11—20 日</td><td colspan="10">21—31 日</td><td colspan="10">合计</td></tr>
<tr><td>千</td><td>百</td><td>十</td><td>万</td><td>千</td><td>百</td><td>十</td><td>元</td><td>角</td><td>分</td><td>千</td><td>百</td><td>十</td><td>万</td><td>千</td><td>百</td><td>十</td><td>元</td><td>角</td><td>分</td><td>千</td><td>百</td><td>十</td><td>万</td><td>千</td><td>百</td><td>十</td><td>元</td><td>角</td><td>分</td><td>千</td><td>百</td><td>十</td><td>万</td><td>千</td><td>百</td><td>十</td><td>元</td><td>角</td><td>分</td></tr>
<tr><td></td><td></td><td></td><td></td><td></td><td></td><td></td><td></td><td></td><td></td><td></td><td></td><td></td><td></td><td></td><td></td><td></td><td></td><td></td><td></td><td></td><td></td><td></td><td></td><td></td><td></td><td></td><td></td><td></td><td></td><td></td><td></td><td></td><td></td><td></td><td></td><td></td><td></td><td></td><td></td><td></td><td></td></tr>
<tr><td></td><td></td><td></td><td></td><td></td><td></td><td></td><td></td><td></td><td></td><td></td><td></td><td></td><td></td><td></td><td></td><td></td><td></td><td></td><td></td><td></td><td></td><td></td><td></td><td></td><td></td><td></td><td></td><td></td><td></td><td></td><td></td><td></td><td></td><td></td><td></td><td></td><td></td><td></td><td></td><td></td><td></td></tr>
<tr><td></td><td></td><td></td><td></td><td></td><td></td><td></td><td></td><td></td><td></td><td></td><td></td><td></td><td></td><td></td><td></td><td></td><td></td><td></td><td></td><td></td><td></td><td></td><td></td><td></td><td></td><td></td><td></td><td></td><td></td><td></td><td></td><td></td><td></td><td></td><td></td><td></td><td></td><td></td><td></td><td></td><td></td></tr>
<tr><td></td><td></td><td></td><td></td><td></td><td></td><td></td><td></td><td></td><td></td><td></td><td></td><td></td><td></td><td></td><td></td><td></td><td></td><td></td><td></td><td></td><td></td><td></td><td></td><td></td><td></td><td></td><td></td><td></td><td></td><td></td><td></td><td></td><td></td><td></td><td></td><td></td><td></td><td></td><td></td><td></td><td></td></tr>
<tr><td>合 计</td><td></td><td></td><td></td><td></td><td></td><td></td><td></td><td></td><td></td><td></td><td></td><td></td><td></td><td></td><td></td><td></td><td></td><td></td><td></td><td></td><td></td><td></td><td></td><td></td><td></td><td></td><td></td><td></td><td></td><td></td><td></td><td></td><td></td><td></td><td></td><td></td><td></td><td></td><td></td><td></td><td></td></tr>
</table>

表 4.111 汇总转账凭证

贷方科目： 年 月 汇转 第 号

<table>
<tr><td rowspan="3">借方科目</td><td colspan="40">金 额</td><td rowspan="3">过账</td></tr>
<tr><td colspan="10">1—10 日</td><td colspan="10">11—20 日</td><td colspan="10">21—31 日</td><td colspan="10">合计</td></tr>
<tr><td>千</td><td>百</td><td>十</td><td>万</td><td>千</td><td>百</td><td>十</td><td>元</td><td>角</td><td>分</td><td>千</td><td>百</td><td>十</td><td>万</td><td>千</td><td>百</td><td>十</td><td>元</td><td>角</td><td>分</td><td>千</td><td>百</td><td>十</td><td>万</td><td>千</td><td>百</td><td>十</td><td>元</td><td>角</td><td>分</td><td>千</td><td>百</td><td>十</td><td>万</td><td>千</td><td>百</td><td>十</td><td>元</td><td>角</td><td>分</td></tr>
<tr><td></td><td></td><td></td><td></td><td></td><td></td><td></td><td></td><td></td><td></td><td></td><td></td><td></td><td></td><td></td><td></td><td></td><td></td><td></td><td></td><td></td><td></td><td></td><td></td><td></td><td></td><td></td><td></td><td></td><td></td><td></td><td></td><td></td><td></td><td></td><td></td><td></td><td></td><td></td><td></td><td></td><td></td></tr>
<tr><td></td><td></td><td></td><td></td><td></td><td></td><td></td><td></td><td></td><td></td><td></td><td></td><td></td><td></td><td></td><td></td><td></td><td></td><td></td><td></td><td></td><td></td><td></td><td></td><td></td><td></td><td></td><td></td><td></td><td></td><td></td><td></td><td></td><td></td><td></td><td></td><td></td><td></td><td></td><td></td><td></td><td></td></tr>
<tr><td></td><td></td><td></td><td></td><td></td><td></td><td></td><td></td><td></td><td></td><td></td><td></td><td></td><td></td><td></td><td></td><td></td><td></td><td></td><td></td><td></td><td></td><td></td><td></td><td></td><td></td><td></td><td></td><td></td><td></td><td></td><td></td><td></td><td></td><td></td><td></td><td></td><td></td><td></td><td></td><td></td><td></td></tr>
<tr><td></td><td></td><td></td><td></td><td></td><td></td><td></td><td></td><td></td><td></td><td></td><td></td><td></td><td></td><td></td><td></td><td></td><td></td><td></td><td></td><td></td><td></td><td></td><td></td><td></td><td></td><td></td><td></td><td></td><td></td><td></td><td></td><td></td><td></td><td></td><td></td><td></td><td></td><td></td><td></td><td></td><td></td></tr>
<tr><td>合 计</td><td></td><td></td><td></td><td></td><td></td><td></td><td></td><td></td><td></td><td></td><td></td><td></td><td></td><td></td><td></td><td></td><td></td><td></td><td></td><td></td><td></td><td></td><td></td><td></td><td></td><td></td><td></td><td></td><td></td><td></td><td></td><td></td><td></td><td></td><td></td><td></td><td></td><td></td><td></td><td></td><td></td></tr>
</table>

表 4.112 汇总转账凭证

贷方科目： 年 月 汇转 第 号

<table>
<tr><td rowspan="3">借方科目</td><td colspan="40">金 额</td><td rowspan="3">过账</td></tr>
<tr><td colspan="10">1—10 日</td><td colspan="10">11—20 日</td><td colspan="10">21—31 日</td><td colspan="10">合计</td></tr>
<tr><td>千</td><td>百</td><td>十</td><td>万</td><td>千</td><td>百</td><td>十</td><td>元</td><td>角</td><td>分</td><td>千</td><td>百</td><td>十</td><td>万</td><td>千</td><td>百</td><td>十</td><td>元</td><td>角</td><td>分</td><td>千</td><td>百</td><td>十</td><td>万</td><td>千</td><td>百</td><td>十</td><td>元</td><td>角</td><td>分</td><td>千</td><td>百</td><td>十</td><td>万</td><td>千</td><td>百</td><td>十</td><td>元</td><td>角</td><td>分</td></tr>
<tr><td></td><td></td><td></td><td></td><td></td><td></td><td></td><td></td><td></td><td></td><td></td><td></td><td></td><td></td><td></td><td></td><td></td><td></td><td></td><td></td><td></td><td></td><td></td><td></td><td></td><td></td><td></td><td></td><td></td><td></td><td></td><td></td><td></td><td></td><td></td><td></td><td></td><td></td><td></td><td></td><td></td><td></td></tr>
<tr><td></td><td></td><td></td><td></td><td></td><td></td><td></td><td></td><td></td><td></td><td></td><td></td><td></td><td></td><td></td><td></td><td></td><td></td><td></td><td></td><td></td><td></td><td></td><td></td><td></td><td></td><td></td><td></td><td></td><td></td><td></td><td></td><td></td><td></td><td></td><td></td><td></td><td></td><td></td><td></td><td></td><td></td></tr>
<tr><td></td><td></td><td></td><td></td><td></td><td></td><td></td><td></td><td></td><td></td><td></td><td></td><td></td><td></td><td></td><td></td><td></td><td></td><td></td><td></td><td></td><td></td><td></td><td></td><td></td><td></td><td></td><td></td><td></td><td></td><td></td><td></td><td></td><td></td><td></td><td></td><td></td><td></td><td></td><td></td><td></td><td></td></tr>
<tr><td></td><td></td><td></td><td></td><td></td><td></td><td></td><td></td><td></td><td></td><td></td><td></td><td></td><td></td><td></td><td></td><td></td><td></td><td></td><td></td><td></td><td></td><td></td><td></td><td></td><td></td><td></td><td></td><td></td><td></td><td></td><td></td><td></td><td></td><td></td><td></td><td></td><td></td><td></td><td></td><td></td><td></td></tr>
<tr><td>合 计</td><td></td><td></td><td></td><td></td><td></td><td></td><td></td><td></td><td></td><td></td><td></td><td></td><td></td><td></td><td></td><td></td><td></td><td></td><td></td><td></td><td></td><td></td><td></td><td></td><td></td><td></td><td></td><td></td><td></td><td></td><td></td><td></td><td></td><td></td><td></td><td></td><td></td><td></td><td></td><td></td><td></td></tr>
</table>

表 4.113 汇总转账凭证

贷方科目： 年 月 汇转 第 号

<table>
<tr><td rowspan="3">借方科目</td><td colspan="40">金 额</td><td rowspan="3">过账</td></tr>
<tr><td colspan="10">1—10 日</td><td colspan="10">11—20 日</td><td colspan="10">21—31 日</td><td colspan="10">合计</td></tr>
<tr><td>千</td><td>百</td><td>十</td><td>万</td><td>千</td><td>百</td><td>十</td><td>元</td><td>角</td><td>分</td><td>千</td><td>百</td><td>十</td><td>万</td><td>千</td><td>百</td><td>十</td><td>元</td><td>角</td><td>分</td><td>千</td><td>百</td><td>十</td><td>万</td><td>千</td><td>百</td><td>十</td><td>元</td><td>角</td><td>分</td><td>千</td><td>百</td><td>十</td><td>万</td><td>千</td><td>百</td><td>十</td><td>元</td><td>角</td><td>分</td></tr>
<tr><td></td><td colspan="40"></td><td></td></tr>
<tr><td></td><td colspan="40"></td><td></td></tr>
<tr><td></td><td colspan="40"></td><td></td></tr>
<tr><td></td><td colspan="40"></td><td></td></tr>
<tr><td>合 计</td><td colspan="40"></td><td></td></tr>
</table>

表 4.114 汇总转账凭证

贷方科目： 年 月 汇转 第 号

<table>
<tr><td rowspan="3">借方科目</td><td colspan="40">金 额</td><td rowspan="3">过账</td></tr>
<tr><td colspan="10">1—10 日</td><td colspan="10">11—20 日</td><td colspan="10">21—31 日</td><td colspan="10">合计</td></tr>
<tr><td>千</td><td>百</td><td>十</td><td>万</td><td>千</td><td>百</td><td>十</td><td>元</td><td>角</td><td>分</td><td>千</td><td>百</td><td>十</td><td>万</td><td>千</td><td>百</td><td>十</td><td>元</td><td>角</td><td>分</td><td>千</td><td>百</td><td>十</td><td>万</td><td>千</td><td>百</td><td>十</td><td>元</td><td>角</td><td>分</td><td>千</td><td>百</td><td>十</td><td>万</td><td>千</td><td>百</td><td>十</td><td>元</td><td>角</td><td>分</td></tr>
<tr><td></td><td colspan="40"></td><td></td></tr>
<tr><td></td><td colspan="40"></td><td></td></tr>
<tr><td></td><td colspan="40"></td><td></td></tr>
<tr><td></td><td colspan="40"></td><td></td></tr>
<tr><td>合 计</td><td colspan="40"></td><td></td></tr>
</table>

表 4.115 汇总转账凭证

贷方科目： 年 月 汇转 第 号

<table>
<tr><td rowspan="3">借方科目</td><td colspan="40">金 额</td><td rowspan="3">过账</td></tr>
<tr><td colspan="10">1—10 日</td><td colspan="10">11—20 日</td><td colspan="10">21—31 日</td><td colspan="10">合计</td></tr>
<tr><td>千</td><td>百</td><td>十</td><td>万</td><td>千</td><td>百</td><td>十</td><td>元</td><td>角</td><td>分</td><td>千</td><td>百</td><td>十</td><td>万</td><td>千</td><td>百</td><td>十</td><td>元</td><td>角</td><td>分</td><td>千</td><td>百</td><td>十</td><td>万</td><td>千</td><td>百</td><td>十</td><td>元</td><td>角</td><td>分</td><td>千</td><td>百</td><td>十</td><td>万</td><td>千</td><td>百</td><td>十</td><td>元</td><td>角</td><td>分</td></tr>
<tr><td></td><td colspan="40"></td><td></td></tr>
<tr><td></td><td colspan="40"></td><td></td></tr>
<tr><td></td><td colspan="40"></td><td></td></tr>
<tr><td></td><td colspan="40"></td><td></td></tr>
<tr><td>合 计</td><td colspan="40"></td><td></td></tr>
</table>

表 4.116 汇总转账凭证

贷方科目： 年 月 汇转 第 号

借方科目	金额																																								过账
	1—10 日										11—20 日										21—31 日										合计										
	千	百	十	万	千	百	十	元	角	分	千	百	十	万	千	百	十	元	角	分	千	百	十	万	千	百	十	元	角	分	千	百	十	万	千	百	十	元	角	分	
合 计																																									

任务六 记账凭证审核训练

实训目的

（1）熟悉记账凭证审核的基本内容；

（2）掌握记账凭证审核的要点与方法。

实训时间

完成本次实训需 1 学时。

实训用品

被审核的部分记账凭证及所附的原始凭证。

实训资料

第一笔经济业务：将现金存入银行存款户（表 4.117、图 4.16）。

表 4.117 收款凭证

凭证字：银收

借方科目：银行存款　　20＊4年8月12日　　凭证号：20

摘要	贷方总账科目	明细科目	贷方金额										记账符号
			千	百	十	万	千	百	十	元	角	分	
存入现金	现金						3	0	0	0	0	0	
		人民币户					3	0	0	0	0	0	
合计						¥	6	0	0	0	0	0	

附单据1张

会计主管：　记账：　出纳：　审核：　制单：

现金缴款单位(回单)

缴款日期：　　20＊4年8月5日　　编号：

收款单位	全称	巢湖市华宇有限责任公司		
	开户银行	巢湖市工行巢湖路支行	账号	5021070005893
款项来源		零星销货款	交款单位	巢湖市华宇有限责任公司
人民币(大写)		叁仟元整		

千	百	十	万	千	百	十	元	角	分
			¥	3	0	0	0	0	0

备注：

中国工商银行股份有限公司巢湖 巢湖路支行 20*4.12.26 业务办讫章(01) 朱芳芳

交款单位签章　　收款：林方静　　复核：

图 4.16 现金缴款单

第二笔经济业务：购入材料，尚未到达(表4.118、表4.119、图4.17～图4.19)。

表 4.118 付款凭证

凭证字：银付

贷方科目：银行存款　　　　20＊4 年 8 月 10 日　　　　凭证号：25

摘　　要	借方总账科目	明细科目	借方金额										记账符号
			千	百	十	万	千	百	十	元	角	分	
购入钢管	材料采购	钢管				6	5	2	7	5	0	0	
	应交税费	增值税				1	0	7	9	9	2	5	
合　　计					￥	7	6	0	7	4	2	5	

附单据　张

会计主管：　　记账：　　出纳：　　审核：　　制单：

表 4.119 转账凭证

凭证字：转

20＊4 年 8 月 10 日　　　　凭证号：4

摘　　要	总账科目	明细科目	借方金额										贷方金额										记账符号
			千	百	十	万	千	百	十	元	角	分	千	百	十	万	千	百	十	元	角	分	
结转入库钢管实际成本	材料采购	钢管				6	3	5	2	5	0	0											
	原材料	钢管														6	3	5	2	5	0	0	
合　　计																							

附单据　张

会计主管：　　记账：　　审核：　　制单

托收承付凭证(支款通知)

20＊4年8月5日　　托收号码:090805

收款人	全　称	苏州乡镇钢管厂	付款人	全　称	巢湖市华宇有限责任公司
	账　号	300540002		账　号	5021070005893
	开户银行	苏州工行人民路支行		开户银行	巢湖市工行巢湖路支行

委托收款金额	人民币(大写)	柒万陆仟柒拾肆元贰角伍分	百	十	万	千	百	十	元	角	分
				¥	7	6	0	7	4	2	5

附件		商品发运情况	合同名称号码
附寄单证张数	3	铁运123	CH123
备注		付款单位开户银行盖章　年　月　日	

此联是付款人开户银行通知付款人

图4.17　托收承付凭证

铁路局运杂费专用发票

运输号码 90401　　上海铁路局　№ 0754321

发站	上海	到站	巢湖	车种车号		货车自重	
集装箱型	TV	运到期限		保价金额		运价里程	
收货人 全称	巢湖市华宇有限责任公司		发货人 全称	苏州乡镇钢管厂		现付费用	
收货人 地址	巢湖市紫梧路旭佑广场101号		发货人 地址	苏州市人民路541号		项目	金额(元)

货物名称	件数	货物重量	计费重量	运价号	运价率	附记	项目	金额(元)
							运费	1 400
钢管	5	15吨					保险费	800
							其他费用	150
发货人声明事项								
铁路声明事项							合计	1 750

20*4.08.01

发运站承运日期戳　　发站经办人　张三宝

图4.18　铁路局杂费专用发票

江苏省增值税专用发票

发票联

№ 00652149

开票日期：20＊4年8月1日

购货单位	名称：巢湖市华宇有限责任公司 纳税人识别号：3414017121305890 地址、电话：安徽省巢湖市紫梧路旭佑广场101号 0565－8888888 开户行及账号：巢湖市工行巢湖路支行 5021070005893	密码区	03 455<5＊－>654<787<23 7>/2＊＊9 567/45/451＋45 1/58>>21－/06 783>＃1＋>＊> 95 348<56＋＊35％2344

货物或应税劳务名称	规格型号	计量单位	数量	单价	金额	税率	税额
钢管	Φ30	吨	15	4235.00	63525.00	17％	10799.25
合计					￥63525.00		￥10799.25
税价合计（大写）	⊗柒万肆仟叁佰贰拾肆元贰角伍分				（小写）￥74324.25		

销货单位	名称：苏州乡镇钢管厂 纳税人识别号：948212950784 地址、电话：苏州市人民路541号 0512－48937042 开户行及账号：苏州市工行人民路支行 300540002	备注	

第二联 发票联 购货方记账凭证

纳税人： 复核： 开票人：李张平 销售货单位：（章）

图4.19 增值税专用发票

第三笔经济业务：分配结转应付本月电费（表4.120、表4.121）。

表4.120 转账凭证

凭证字：转

20＊4年8月31日 凭证号：72

摘要	总账科目	明细科目	借方金额										贷方金额										记账符号
			千	百	十	万	千	百	十	元	角	分	千	百	十	万	千	百	十	元	角	分	
分配结转本月应付电费	生产成本					1	2	6	0	0	0	0											
		燃料动力费				1	2	0	0	0	0	0											
		制造费用					6	0	0	0	0	0											
	管理费用	水电费					1	8	0	0	0	0											
	应付账款	电费															1	4	4	0	0	0	
合计																							

附单据1张

会计主管： 记账： 审核： 制单：

表 4.121 应付电费分配表

20＊4 年 8 月 31 日　　　　单位:元

分配对象		分配标准（机器工时）	分配率	耗电度数	单价	金额
生产产品耗用	百叶窗	14 000	0.50			7 000
	风机	10 000	0.50			5 000
	小计	24 000	0.50	40 000	0.3	12 000
车间一般耗用				2 000	0.3	600
厂部一般耗用				6 000	0.3	1 800
合　计				48 000	0.3	14 400

财务主管:　　　　审核:　　　　制表:

第四笔经济业务:计提本月应付职工福利(表 4.122、表 4.123)。

表 4.122 转账凭证

凭证字:转

20＊4 年 8 月 31 日　　　　凭证号:80

摘　要	总账科目	明细科目	借方金额										贷方金额										记账符号
			千	百	十	万	千	百	十	元	角	分	千	百	十	万	千	百	十	元	角	分	
计提本月应付职工福利费	生产成本	百叶窗					9	8	0	0	0	0											
		风机					4	2	0	0	0	0											
	制造费用						1	1	2	0	0	0											
	管理费用						2	1	0	0	0	0											
	应付职工薪酬	福利费														1	7	9	2	0	0	0	
合　计																							

附单据 1 张

会计主管:　　　　记账:　　　　审核:　　　　制单:

表 4.123 应付福利费计提表

20＊4 年 8 月 31 日　　　　单位:元

车间部门		工资总额	计提比率	计提金额
生产工人	生产百叶窗工人	70 000	14%	9 800
	生产风机工人	30 000	14%	4 200
	小计	100 000	14%	14 000
生产管理人员		8 000	14%	1 120
厂部管理人员		15 000	14%	2 100
专设销售机构人员		5 000	14%	700
合　计		128 000	14%	17 920

财务主管:　　　　审核:　　　　制表:

实训要求

根据实训资料指出相应记账凭证的填制错误。

任务七　凭证整理与装订训练

实训目的

(1) 熟悉会计凭证的日常保管、装订、归档保管等内容；
(2) 掌握会计凭证的分类、编号、装订成册的操作技能。

实训时间

完成本次实训需 1 学时。

实训用品

装订会计凭证的封面、封底若干张，线绳，胶水，剪刀等。

实训资料

任务五中全部的记账凭证和汇总记账凭证。

实训要求

将记账凭证和汇总记账凭证装订成册。

项目五　账 簿 登 记

实训目标

(1) 能按要求正确及时地登记日记账；
(2) 能按要求正确及时地登记明细账；
(3) 能按要求正确规范地登记总账；
(4) 能熟练地进行结账与对账；
(5) 能结合企业实际情况选择相应的会计核算程序。

任务一　日记账登记训练

实训目的

(1) 了解现金日记账、银行存款日记账的格式；
(2) 明确现金日记账、银行存款日记账登记的依据；
(3) 掌握现金日记账、银行存款日记账的登记方法。

实训时间

完成本次实训需 2 学时。

实训用品

三栏式账页、多栏式账页、计算器、尺子、钢笔等。

实训资料

20＊4 年 3 月 1 日，某企业库存现金、银行存款账户的期初借方余额分别为：库存现金 1 600元，银行存款 85 000 元。3 月份发生的经济业务填制的记账凭证如表 5.1～表 5.16 所示。

表 5.1 付款凭证

凭证字：银付

贷方科目：银行存款　　20＊4年3月2日　　凭证号：1

摘　要	借方总账科目	明细科目	借方金额										记账符号
			千	百	十	万	千	百	十	元	角	分	
归还短期借款	短期借款					1	0	0	0	0	0	0	
合　计					¥	1	0	0	0	0	0	0	

附单据1张

会计主管：　　记账：　　出纳：钱玉玲　　审核：周淑娟　　制单：李梅雪

表 5.2 付款凭证

凭证字：银付

贷方科目：银行存款　　20＊4年3月2日　　凭证号：2

摘　要	借方总账科目	明细科目	借方金额										记账符号
			千	百	十	万	千	百	十	元	角	分	
提现备用	库存现金						5	0	0	0	0	0	
合　计						¥	5	0	0	0	0	0	

附单据1张

会计主管：　　记账：　　出纳：钱玉玲　　审核：周淑娟　　制单：李梅雪

表 5.3 收款凭证

凭证字：银收

借方科目：银行存款　　　　20＊4 年 3 月 3 日　　　　凭证号：1

摘　要	贷方总账科目	明细科目	贷方金额										记账符号
			千	百	十	万	千	百	十	元	角	分	
应收账款收回	应收账款	云泽公司				3	0	0	0	0	0	0	
合　计					￥	3	0	0	0	0	0	0	

附单据 1 张

会计主管：　　记账：　　出纳：钱玉玲　　审核：周淑娟　　制单：李梅雪

表 5.4 付款凭证

凭证字：银付

贷方科目：银行存款　　　　20＊4 年 3 月 5 日　　　　凭证号：3

摘　要	借方总账科目	明细科目	借方金额										记账符号
			千	百	十	万	千	百	十	元	角	分	
偿付应付账款	应付账款	沿江公司				2	0	0	0	0	0	0	
合　计					￥	2	0	0	0	0	0	0	

附单据 1 张

会计主管：　　记账：　　出纳：钱玉玲　　审核：周淑娟　　制单：李梅雪

表 5.5 收款凭证

凭证字：银收

借方科目：银行存款　　20＊4 年 3 月 6 日　　凭证号：2

摘　要	贷方总账科目	明细科目	贷方金额										记账符号
			千	百	十	万	千	百	十	元	角	分	
销售甲产品	主营业务收入	甲产品				1	0	0	0	0	0	0	
	应交税费	增(销)					1	7	0	0	0	0	
合　计					¥	1	1	7	0	0	0	0	

附单据 1 张

会计主管：　　记账：　　出纳：钱玉玲　　审核：周淑娟　　制单：李梅雪

表 5.6 付款凭证

凭证字：现付

贷方科目：库存现金　　20＊4 年 3 月 7 日　　凭证号：1

摘　要	借方总账科目	明细科目	借方金额										记账符号
			千	百	十	万	千	百	十	元	角	分	
存现	银行存款						1	0	0	0	0	0	
合　计						¥	1	0	0	0	0	0	

附单据 1 张

会计主管：　　记账：　　出纳：钱玉玲　　审核：周淑娟　　制单：李梅雪

表 5.7 付款凭证

凭证字：银付

贷方科目：银行存款　　　　20＊4 年 3 月 10 日　　　　凭证号：4

摘　要	借方总账科目	明细科目	借方金额										记账符号
			千	百	十	万	千	百	十	元	角	分	
购买材料	在途物资	A 材料				2	0	0	0	0	0	0	
	应交税费	增(进)					3	4	0	0	0	0	
合　计					¥	2	3	4	0	0	0	0	

附单据 1 张

会计主管：　　记账：　　出纳：钱玉玲　　审核：周淑娟　　制单：李梅雪

表 5.8 付款凭证

凭证字：现付

贷方科目：库存现金　　　　20＊4 年 3 月 12 日　　　　凭证号：2

摘　要	借方总账科目	明细科目	借方金额										记账符号
			千	百	十	万	千	百	十	元	角	分	
预借差旅费	其他应收款	李华						8	0	0	0	0	
合　计							¥	8	0	0	0	0	

附单据 1 张

会计主管：　　记账：　　出纳：钱玉玲　　审核：周淑娟　　制单：李梅雪

表 5.9 付款凭证

凭证字：银付

贷方科目：银行存款　　20＊4 年 3 月 12 日　　凭证号：5

摘要	借方总账科目	明细科目	借方金额										记账符号
			千	百	十	万	千	百	十	元	角	分	
提现备发工资	库存现金					4	5	0	0	0	0	0	
合计					¥	4	5	0	0	0	0	0	

附单据 1 张

会计主管：　记账：　出纳：钱玉玲　审核：周淑娟　制单：李梅雪

表 5.10 付款凭证

凭证字：现付

贷方科目：库存现金　　20＊4 年 3 月 12 日　　凭证号：3

摘要	借方总账科目	明细科目	借方金额										记账符号
			千	百	十	万	千	百	十	元	角	分	
发放工资	应付职工薪酬	工资				4	5	0	0	0	0	0	
合计					¥	4	5	0	0	0	0	0	

附单据 1 张

会计主管：　记账：　出纳：钱玉玲　审核：周淑娟　制单：李梅雪

表 5.11 收款凭证

凭证字：现收

借方科目:库存现金　　20＊4 年 3 月 15 日　　凭证号：1

摘　要	贷方总账科目	明细科目	贷方金额										记账符号
			千	百	十	万	千	百	十	元	角	分	
报销退回现金	其他应收款	李华						1	2	0	0	0	
合　计							¥	1	2	0	0	0	

附单据 1 张

会计主管：　记账：　出纳：钱玉玲　审核：周淑娟　制单：李梅雪

表 5.12 付款凭证

凭证字：银付

贷方科目:银行存款　　20＊4 年 3 月 16 日　　凭证号：6

摘　要	借方总账科目	明细科目	借方金额										记账符号
			千	百	十	万	千	百	十	元	角	分	
支付电费	管理费用						1	6	0	0	0	0	
合　计						¥	1	6	0	0	0	0	

附单据 1 张

会计主管：　记账：　出纳：钱玉玲　审核：周淑娟　制单：李梅雪

表 5.13 付款凭证

凭证字：银付

贷方科目：银行存款　　　　20＊4 年 3 月 18 日　　　　凭证号：7

摘要	借方总账科目	明细科目	借方金额										记账符号
			千	百	十	万	千	百	十	元	角	分	
支付销售费用	销售费用							5	4	0	0	0	
合计							¥	5	4	0	0	0	

附单据 1 张

会计主管：　　记账：　　出纳：钱玉玲　　审核：周淑娟　　制单：李梅雪

表 5.14 收款凭证

凭证字：银收

借方科目：银行存款　　　　20＊4 年 3 月 25 日　　　　凭证号：3

摘要	贷方总账科目	明细科目	贷方金额										记账符号
			千	百	十	万	千	百	十	元	角	分	
某公司投资	实收资本	法人资本			1	0	0	0	0	0	0	0	
合计				¥	1	0	0	0	0	0	0	0	

附单据 1 张

会计主管：　　记账：　　出纳：钱玉玲　　审核：周淑娟　　制单：李梅雪

表 5.15 付款凭证

凭证字：银付

贷方科目：银行存款　　20＊4 年 3 月 31 日　　凭证号：8

摘　要	借方总账科目	明细科目	借方金额										记账符号
			千	百	十	万	千	百	十	元	角	分	
支付短期借款利息	财务费用	利息					1	8	2	5	0	0	
合　计						¥	1	8	2	5	0	0	

附单据 1 张

会计主管：　记账：　出纳：钱玉玲　审核：周淑娟　制单：李梅雪

表 5.16 付款凭证

凭证字：银付

贷方科目：银行存款　　20＊4 年 3 月 31 日　　凭证号：9

摘　要	借方总账科目	明细科目	借方金额										记账符号
			千	百	十	万	千	百	十	元	角	分	
交纳税金	应交税费							8	0	0	0	0	
合　计							¥	8	0	0	0	0	

附单据 1 张

会计主管：　记账：　出纳：钱玉玲　审核：周淑娟　制单：李梅雪

实训要求

根据上述资料，按照经济业务发生的时间先后顺序逐日逐笔登记库存现金日记账、银行存款日记账（表 5.17～表 5.19）。

表 5.17 库存现金日记账(三栏式)

年		凭证编号	摘要	对方科目	借方										√	贷方										√	余额									
月	日				千	百	十	万	千	百	十	元	角	分		千	百	十	万	千	百	十	元	角	分		千	百	十	万	千	百	十	元	角	分

表 5.18 库存现金日记账(多栏式)

年		凭证编号	摘要	收入(贷记下列科目)				支出(借记下列科目)				余额
月	日						收入合计				支出合计	

表 5.19 银行存款日记账

年		凭证编号	摘要	对方科目	借方										√	贷方										√	余额								
月	日				千	百	十	万	千	百	十	元	角	分		千	百	十	万	千	百	十	元	角	分		千	百	十	万	千	百	十	元	角	分

任务二　明细账登记训练

实训目的

(1) 了解明细账的格式及各种明细账的适用范围；
(2) 明确各种明细账的基本结构；
(3) 掌握各种明细账的登记方法。

实训时间

完成本次实训需2学时。

实训用品

三栏式、数量金额式、应交税费——增值税、多栏式明细分类账页，计算器，尺子，钢笔等。

实训资料

20＊4年4月1日，某企业部分账户的期初余额如表5.20所示。

表5.20　总分类账户及相关明细分类账户期初余额表

账户名称	借方余额	账户名称	贷方余额
原材料	45 000	短期借款	300 000
A材料	30 000	工商银行	100 000
B材料	15 000	建设银行	200 000
生产成本	13 000	应付账款	68 000
甲产品	5 000	云泽公司	18 000
乙产品	8 000	百家丽公司	50 000
库存商品	200 000		
甲产品	200 000		

其中，“原材料——A材料”1 000千克，单价30元/千克，金额30 000元；
“原材料——B材料”1 500千克，单价10元/千克，金额15 000元；
“库存商品——甲产品”1 000件，单位成本200元，金额200 000元。

4 月份发生的部分经济业务及填制的相关记账凭证如下：

(1) 4 月 1 日，从云泽公司购入 A 材料 2 000 千克，单价 30 元/千克，计 60 000 元，增值税进项税额 10 200 元，材料验收入库，货款未付，转账凭证见表 5.21。

表 5.21 转账凭证

凭证字：转

20＊4 年 4 月 1 日　　凭证号：1

摘　　要	总账科目	明细科目	借方金额										贷方金额										记账符号
			千	百	十	万	千	百	十	元	角	分	千	百	十	万	千	百	十	元	角	分	
购买材料，款未付	原材料	A 材料				6	0	0	0	0	0	0											
	应交税费	增(进)				1	0	2	0	0	0	0											
	应付账款	云泽公司														7	0	2	0	0	0	0	
合　　计					¥	7	0	2	0	0	0	0			¥	7	0	2	0	0	0	0	

附单据 1 张

会计主管：　　记账：　　审核：周淑娟　　制单：李梅雪

(2) 付款凭证凭证见表 5.22。

表 5.22 付款凭证

凭证字：银付

贷方科目：银行存款　　20＊4 年 4 月 5 日　　凭证号：1

摘　　要	借方总账科目	明细科目	借方金额										记账符号
			千	百	十	万	千	百	十	元	角	分	
归还欠款	应付账款	云泽公司				1	8	0	0	0	0	0	
合　　计					¥	1	8	0	0	0	0	0	

附单据 1 张

会计主管：　　记账：　　出纳：钱玉玲　　审核：周淑娟　　制单：李梅雪

(3) 4 月 5 日，生产甲产品领用 A 材料 500 千克，计 15 000 元，转账凭证见表 5.23。

表 5.23 转账凭证

凭证字：转

20＊4 年 4 月 6 日 凭证号：2

摘要	总账科目	明细科目	借方金额										贷方金额										记账符号
			千	百	十	万	千	百	十	元	角	分	千	百	十	万	千	百	十	元	角	分	
生产领用材料	生产成本	甲产品				1	5	0	0	0	0	0											
	原材料	A 材料														1	5	0	0	0	0	0	
合计					¥	1	5	0	0	0	0	0			¥	1	5	0	0	0	0	0	

附单据 1 张

会计主管： 记账： 审核：周淑娟 制单：李梅雪

(4) 4 月 10 日，从百家丽公司购入 B 材料 1 500 千克，单价 10 元/千克，增值税进项税额 2 550 元，材料未到，货款以存款支付，转账凭证见表 5.24。

表 5.24 付款凭证

凭证字：银付

贷方科目：银行存款 20＊4 年 4 月 10 日 凭证号：2

摘要	借方总账科目	明细科目	借方金额										记账符号
			千	百	十	万	千	百	十	元	角	分	
购买材料	在途物资	B 材料				1	5	0	0	0	0	0	
	应交税费	增(进)					2	5	5	0	0	0	
合计					¥	1	7	5	5	0	0	0	

附单据 1 张

会计主管： 记账： 出纳：钱玉玲 审核：周淑娟 制单：李梅雪

(5) 从百家丽公司购入的 B 材料已到，经验收入库，转账凭证见表 5.25。

表 5.25 转账凭证

凭证字：转

20＊4 年 4 月 12 日 凭证号：3

摘要	总账科目	明细科目	借方金额										贷方金额										记账符号
			千	百	十	万	千	百	十	元	角	分	千	百	十	万	千	百	十	元	角	分	
材料入库	原材料	B材料				1	5	0	0	0	0	0											
	在途物资	B材料														1	5	0	0	0	0	0	
合　计					¥	1	5	0	0	0	0	0			¥	1	5	0	0	0	0	0	

附单据 1 张

会计主管： 记账： 审核：周淑娟 制单：李梅雪

(6) 付款凭证见表 5.26。

表 5.26 付款凭证

凭证字：银付

贷方科目：银行存款 20＊4 年 4 月 12 日 凭证号：3

摘要	借方总账科目	明细科目	借方金额										记账符号
			千	百	十	万	千	百	十	元	角	分	
归还欠款	应付账款	百家丽公司				5	0	0	0	0	0	0	
合　计					¥	5	0	0	0	0	0	0	

附单据 1 张

会计主管： 记账： 出纳：钱玉玲 审核：周淑娟 制单：李梅雪

(7) 4 月 12 日，生产乙产品领用 B 材料 2 000 千克，计 20 000 元，转账凭证见表 5.27。

表 5.27 转账凭证

凭证字：转

20＊4 年 4 月 12 日　　凭证号：4

摘 要	总账科目	明细科目	借方金额										贷方金额										记账符号
			千	百	十	万	千	百	十	元	角	分	千	百	十	万	千	百	十	元	角	分	
生产领用材料	生产成本	乙产品				2	0	0	0	0	0	0											
	原材料	B材料														2	0	0	0	0	0	0	
合 计					¥	2	0	0	0	0	0	0			¥	2	0	0	0	0	0	0	

附单据 1 张

会计主管：　　记账：　　审核：周淑娟　　制单：李梅雪

(8) 4 月 15 日，从百家丽公司购买 B 材料 3 000 千克，单价 10 元/千克，计 30 000 元，增值税进项税额 5 100 元，材料已验收入库，货款未付，转账凭证见表 5.28。

表 5.28 转账凭证

凭证字：转

20＊4 年 4 月 15 日　　凭证号：5

摘 要	总账科目	明细科目	借方金额										贷方金额										记账符号
			千	百	十	万	千	百	十	元	角	分	千	百	十	万	千	百	十	元	角	分	
购买材料，款未付	原材料	B材料				3	0	0	0	0	0	0											
	应交税费	增(进)					5	1	0	0	0	0											
	应付账款	百家丽公司														3	5	1	0	0	0	0	
合 计					¥	3	5	1	0	0	0	0			¥	3	5	1	0	0	0	0	

附单据 1 张

会计主管：　　记账：　　审核：周淑娟　　制单：李梅雪

(9) 转账凭证见表 5.29。

表 5.29 转账凭证

凭证字：转

20＊4 年 4 月 16 日　　　　凭证号：6

摘　要	总账科目	明细科目	借方金额										贷方金额										记账符号
			千	百	十	万	千	百	十	元	角	分	千	百	十	万	千	百	十	元	角	分	
生产车间领用材料	制造费用	材料费					4	0	0	0	0	0											
	原材料	B材料															4	0	0	0	0	0	
合　计						¥	4	0	0	0	0	0				¥	4	0	0	0	0	0	

附单据 1 张

会计主管：　　记账：　　审核：周淑娟　　制单：李梅雪

（10）收款凭证见表 5.30。

表 5.30 收款凭证

凭证字：银收

借方科目：银行存款　　20＊4 年 4 月 20 日　　凭证号：1

摘　要	贷方总账科目	明细科目	贷方金额										记账符号
			千	百	十	万	千	百	十	元	角	分	
销售甲产品	主营业务收入	甲产品			1	5	0	0	0	0	0	0	
	应交税费	增（销）				2	5	5	0	0	0	0	
合　计				¥	1	7	5	5	0	0	0	0	

附单据 1 张

会计主管：　　记账：　　出纳：钱玉玲　　审核：周淑娟　　制单：李梅雪

（11）付款凭证见表 5.31。

表 5.31 付款凭证

凭证字：银付

贷方科目：银行存款　　20＊4 年 4 月 25 日　　凭证号：4

摘　　要	借方总账科目	明细科目	借方金额										记账符号
			千	百	十	万	千	百	十	元	角	分	
支付车间水电费	制造费用	水电费					8	0	0	0	0	0	
合　　计						¥	8	0	0	0	0	0	

附单据 1 张

会计主管：　　记账：　　出纳：钱玉玲　　审核：周淑娟　　制单：李梅雪

(12) 收款凭证见表 5.32。

表 5.32 转账凭证

凭证字：转

20＊4 年 4 月 30 日　　凭证号：7

摘　　要	总账科目	明细科目	借方金额										贷方金额										记账符号
			千	百	十	万	千	百	十	元	角	分	千	百	十	万	千	百	十	元	角	分	
结算职工工资	生产成本	甲产品				1	8	0	0	0	0	0											
		乙产品				1	0	0	0	0	0	0											
	制造费用						6	0	0	0	0	0											
	管理费用					1	2	0	0	0	0	0											
	应付职工薪酬	工资														4	6	0	0	0	0	0	
合　　计					¥	4	6	0	0	0	0	0			¥	4	6	0	0	0	0	0	

附单据 1 张

会计主管：　　记账：　　审核：周淑娟　　制单：李梅雪

(13) 转账凭证见表 5.33。

表 5.33 转账凭证

凭证字：转

20＊4 年 4 月 30 日　　　　凭证号：8

摘　要	总账科目	明细科目	借方金额										贷方金额										记账符号
			千	百	十	万	千	百	十	元	角	分	千	百	十	万	千	百	十	元	角	分	
提取职工福利	生产成本	甲产品					2	5	2	0	0	0											
		乙产品					1	4	0	0	0	0											
	制造费用							8	4	0	0	0											
	管理费用						1	6	8	0	0	0											
	应付职工薪酬	福利费															6	4	4	0	0	0	
合　计						¥	6	4	4	0	0	0				¥	6	4	4	0	0	0	

附单据 1 张

会计主管：　　记账：　　审核：周淑娟　　制单：李梅雪

（14）转账凭证见表 5.34。

表 5.34 转账凭证

凭证字：转

20＊4 年 4 月 30 日　　　　凭证号：9

摘　要	总账科目	明细科目	借方金额										贷方金额										记账符号
			千	百	十	万	千	百	十	元	角	分	千	百	十	万	千	百	十	元	角	分	
计提折旧	制造费用	折旧费					4	0	0	0	0	0											
	管理费用	折旧费					1	6	0	0	0	0											
	累计折旧																5	6	0	0	0	0	
合　计						¥	5	6	0	0	0	0				¥	5	6	0	0	0	0	

附单据 1 张

会计主管：　　记账：　　审核：周淑娟　　制单：李梅雪

（15）转账凭证见表 5.35。

表 5.35 转账凭证

凭证字：转

20＊4 年 4 月 30 日　　　　凭证号：10

摘要	总账科目	明细科目	借方金额 千	百	十	万	千	百	十	元	角	分	贷方金额 千	百	十	万	千	百	十	元	角	分	记账符号
结转制造费用	生产成本	甲产品				1	3	7	0	4	0	0											
		乙产品					9	1	3	6	0	0											
	制造费用															2	2	8	4	0	0	0	
合计					¥	2	2	8	4	0	0	0			¥	2	2	8	4	0	0	0	

附单据 1 张

会计主管：　　记账：　　审核：周淑娟　　制单：李梅雪

(16) 付款凭证见表 5.36。

表 5.36 付款凭证

凭证字：银付

贷方科目：银行存款　　20＊4 年 4 月 30 日　　凭证号：5

摘要	借方总账科目	明细科目	借方金额 千	百	十	万	千	百	十	元	角	分	记账符号
交纳增值税	应交税费	增值税					8	0	0	0	0	0	
合计						¥	8	0	0	0	0	0	

附单据 1 张

会计主管：　　记账：　　出纳：钱玉玲　　审核：周淑娟　　制单：李梅雪

实训要求

(1) 根据上述资料，登记“应付账款”三栏式明细分类账（表 5.37、表 5.38）；

(2) 根据上述资料，登记“原材料”数量金额式明细分类账（表 5.39、表 5.40）；

(3) 根据上述资料，登记“应交税费——增值税”“制造费用”“生产成本”多栏式明细分类账（表 5.41～表 5.44）；

(4) 根据上述资料，登记“在途物资”横线登记式明细分类账（表 5.45）。

表 5.37　应付账款明细分类账(三栏式)

明细科目__________

年		凭证字号	摘　要	对方科目	借　方										贷　方										借或贷	余　额									
月	日				千	百	十	万	千	百	十	元	角	分	千	百	十	万	千	百	十	元	角	分		千	百	十	万	千	百	十	元	角	分

表 5.38　应付账款明细分类账(三栏式)

明细科目__________

年		凭证字号	摘　要	对方科目	借　方										贷　方										借或贷	余　额									
月	日				千	百	十	万	千	百	十	元	角	分	千	百	十	万	千	百	十	元	角	分		千	百	十	万	千	百	十	元	角	分

表 5.39　原材料明细分类账(数量金额式)

最高存量＿＿＿＿
最低存量＿＿＿＿
编号＿＿＿　规格＿＿＿　　　　单位(　　)名称＿＿＿＿

年		凭证号数	摘要	账页	收入(借方)											发出(贷方)											结存											稽核
					数量	单价	金额									数量	单价	金额									数量	单价	金额									
月	日						百	十	万	千	百	十	元	角	分			百	十	万	千	百	十	元	角	分			百	十	万	千	百	十	元	角	分	

表 5.40　原材料明细分类账(数量金额式)

最高存量__________
最低存量__________
编号________　规格__________　　　　单位(　　)名称______________

年		凭证号数	摘要	账页	收入(借方)											发出(贷方)											结存											稽核
					数量	单价	金额									数量	单价	金额									数量	单价	金额									
月	日						百	十	万	千	百	十	元	角	分			百	十	万	千	百	十	元	角	分			百	十	万	千	百	十	元	角	分	

表 5.41 制造费用明细账

年		凭证		摘要	对方科目	借方																																								贷方							
月	日	字	号			工资及福利费								水电费								折旧费								其他								合计															
						十	万	千	百	十	元	角	分	十	万	千	百	十	元	角	分	十	万	千	百	十	元	角	分	十	万	千	百	十	元	角	分	十	万	千	百	十	元	角	分	十	万	千	百	十	元	角	分

表 5.42 应交税费——应交增值税明细账

年		凭证		摘要	借方																																							
					合计										进项税额										已交税金										转出未交增值税									
月	日	种类	编号		千	百	十	万	千	百	十	元	角	分	千	百	十	万	千	百	十	元	角	分	千	百	十	万	千	百	十	元	角	分	千	百	十	万	千	百	十	元	角	分

续表 5.42

贷方																																																		借或贷	余额									
合计										销项税额										出口退税										进项税额转出										转出多交增值税																				
千	百	十	万	千	百	十	元	角	分	千	百	十	万	千	百	十	元	角	分	千	百	十	万	千	百	十	元	角	分	千	百	十	万	千	百	十	元	角	分	千	百	十	万	千	百	十	元	角	分		千	百	十	万	千	百	十	元	角	分

表 5.43　生产成本明细账

投产日期:______　计划工时:______　生产批号:______

完工日期:______　实际工时:______　生产车间:______

完成产量:______　数量:__________　产品规格:______　产品名称:______

年		凭证号数	摘要	借方发生额										成本项目																																							
														直接材料										直接人工										制造费用										合计									
月	日			千	百	十	万	千	百	十	元	角	分	千	百	十	万	千	百	十	元	角	分	千	百	十	万	千	百	十	元	角	分	千	百	十	万	千	百	十	元	角	分	千	百	十	万	千	百	十	元	角	分

表 5.44 生产成本明细账

投产日期：______ 计划工时：______ 生产批号：______

完工日期：______ 实际工时：______ 生产车间：______

完成产量：______ 数量：__________ 产品规格：______ 产品名称：______

年		凭证号数	摘要	借方发生额										成本项目																																							
														直接材料										直接人工										制造费用										合计									
月	日			千	百	十	万	千	百	十	元	角	分	千	百	十	万	千	百	十	元	角	分	千	百	十	万	千	百	十	元	角	分	千	百	十	万	千	百	十	元	角	分	千	百	十	万	千	百	十	元	角	分

表 5.45　在途物资明细账

编号____　页次____　总页____　　　材料科目：__________　　　材料类别或名称：______

年		凭证号数	摘要	计量单位	发票数量	实收数量	借方																										贷方								余额							
							发票价格								运杂费等								合计																							
月	日						十	万	千	百	十	元	角	分	十	万	千	百	十	元	角	分	十	万	千	百	十	元	角	分	十	万	千	百	十	元	角	分	十	万	千	百	十	元	角	分

任务三 总账登记训练

实训目的

(1) 了解总账登记的步骤；

(2) 明确总账登记的依据；

(3) 掌握记账凭证、科目汇总表、汇总记账凭证会计核算程序中总账登记的具体方法。

实训时间

完成本次实训需 6 学时。

实训用品

科目汇总表、汇总记账凭证(包括汇总收款凭证、汇总付款凭证、汇总转账凭证)、三栏式账页、计算器、尺子、钢笔等。

实训资料

某企业 20＊4 年 6 月 1 日各总分类账户期初余额如表 5.46 所示。

表 5.46 总分类账户期初余额表

账户名称	借方余额	账户名称	贷方余额
库存现金	1 500	累计折旧	40 000
银行存款	150 000	短期借款	50 000
应收账款	46 800	应付账款	29 000
原材料	54 000	应付利息	8 300
生产成本	75 000	长期借款	100 000
库存商品	20 000	实收资本	2 000 000
持有至到期投资	100 000	盈余公积	200 000
固定资产	2 250 000	本年利润	120 000
		利润分配	150 000
合 计	2 697 300	合 计	2 697 300

20＊4 年 6 月发生的经济业务填制的记账凭证如下(表 5.47～表 5.82)：

表 5.47 转账凭证

凭证字：转

20＊4年6月1日　　　　凭证号：1

摘　要	总账科目	明细科目	借方金额										贷方金额										记账符号
			千	百	十	万	千	百	十	元	角	分	千	百	十	万	千	百	十	元	角	分	
生产领用材料	生产成本	甲产品				3	0	0	0	0	0	0											
	原材料	A材料														1	8	0	0	0	0	0	
		B材料														1	2	0	0	0	0	0	
合　计					¥	3	0	0	0	0	0	0			¥	3	0	0	0	0	0	0	

附单据 1 张

会计主管：　　记账：　　审核：周淑娟　　制单：李梅雪

表 5.48 收款凭证

凭证字：银收

借方科目：银行存款　　20＊4年6月2日　　凭证号：1

摘　要	贷方总账科目	明细科目	贷方金额										记账符号
			千	百	十	万	千	百	十	元	角	分	
销售甲产品	主营业务收入	甲产品			1	5	0	0	0	0	0	0	
	应交税费	增(销)				2	5	5	0	0	0	0	
合　计				¥	1	7	5	5	0	0	0	0	

附单据 1 张

会计主管：　　记账：　　出纳：钱玉玲　　审核：周淑娟　　制单：李梅雪

表 5.49　付款凭证

凭证字：银付

贷方科目：银行存款　　　　20＊4 年 6 月 5 日　　　　凭证号：1

摘　　要	借方总账科目	明细科目	借方金额										记账符号
			千	百	十	万	千	百	十	元	角	分	
支付产品广告费	销售费用	广告费					1	0	0	0	0	0	
合　　计						¥	1	0	0	0	0	0	

附单据 1 张

会计主管：　　记账：　　出纳：钱玉玲　　审核：周淑娟　　制单：李梅雪

表 5.50　转账凭证

凭证字：转

20＊4 年 6 月 6 日　　　　凭证号：1

摘　　要	总账科目	明细科目	借方金额										贷方金额										记账符号
			千	百	十	万	千	百	十	元	角	分	千	百	十	万	千	百	十	元	角	分	
购买材料，款未付	原材料	B材料				2	0	0	0	0	0	0											
	应交税费	增(进)					3	4	0	0	0	0											
	应付账款	百家丽公司														2	3	4	0	0	0	0	
合　　计					¥	2	3	4	0	0	0	0			¥	2	3	4	0	0	0	0	

附单据 1 张

会计主管：　　记账：　　审核：周淑娟　　制单：李梅雪

表 5.51 付款凭证

凭证字：银付

贷方科目：库存现金　　20＊4 年 6 月 5 日　　凭证号：1

摘　要	借方总账科目	明细科目	借方金额										记账符号
			千	百	十	万	千	百	十	元	角	分	
预借差旅费	其他应收款	王阳					1	0	0	0	0	0	
合　计						¥	1	0	0	0	0	0	

附单据 1 张

会计主管：　记账：　出纳：钱玉玲　审核：周淑娟　制单：李梅雪

表 5.52 收款凭证

凭证字：银收

借方科目：银行存款　　20＊4 年 6 月 8 日　　凭证号：2

摘　要	贷方总账科目	明细科目	贷方金额										记账符号
			千	百	十	万	千	百	十	元	角	分	
收回欠款	应收账款	华光公司				4	6	8	0	0	0	0	
合　计					¥	4	6	8	0	0	0	0	

附单据 1 张

会计主管：　记账：　出纳：　审核：周淑娟　制单：李梅雪

表 5.53 收款凭证

凭证字：银收

借方科目：银行存款　　　　20＊4 年 6 月 9 日　　　　凭证号：3

摘　要	贷方总账科目	明细科目	贷方金额										记账符号
			千	百	十	万	千	百	十	元	角	分	
借入借款	长期借款				1	5	0	0	0	0	0	0	
合　计				¥	1	5	0	0	0	0	0	0	

附单据 1 张

会计主管：　　记账：　　出纳：钱玉玲　　审核：周淑娟　　制单：李梅雪

表 5.54 付款凭证

凭证字：银付

贷方科目：库存现金　　　　20＊4 年 6 月 10 日　　　　凭证号：2

摘　要	借方总账科目	明细科目	借方金额										记账符号
			千	百	十	万	千	百	十	元	角	分	
购买办公用品	制造费用	办公费						1	8	0	0	0	
	管理费用	办公费						2	5	0	0	0	
合　计							¥	4	3	0	0	0	

附单据 1 张

会计主管：　　记账：　　出纳：钱玉玲　　审核：周淑娟　　制单：李梅雪

表 5.55 付款凭证

凭证字：银付

贷方科目：银行存款　　20＊4 年 6 月 11 日　　凭证号：2

摘要	借方总账科目	明细科目	借方金额 千	百	十	万	千	百	十	元	角	分	记账符号
提取现金	库存现金						2	0	0	0	0	0	
合计						¥	2	0	0	0	0	0	

附单据 1 张

会计主管：　　记账：　　出纳：钱玉玲　　审核：周淑娟　　制单：李梅雪

表 5.56 转账凭证

凭证字：转

20＊4 年 6 月 12 日　　凭证号：3

摘要	总账科目	明细科目	借方金额 千	百	十	万	千	百	十	元	角	分	贷方金额 千	百	十	万	千	百	十	元	角	分	记账符号
报销差旅费	管理费用	差旅费					1	0	0	0	0	0											
	其他应收款	王阳															1	0	0	0	0	0	
合计						¥	1	0	0	0	0	0				¥	1	0	0	0	0	0	

附单据 1 张

会计主管：　　记账：　　审核：周淑娟　　制单：李梅雪

表 5.57 付款凭证

凭证字：现付

贷方科目：库存现金　　　20＊4 年 6 月 12 日　　　凭证号：3

摘　　要	借方总账科目	明细科目	借方金额										记账符号
			千	百	十	万	千	百	十	元	角	分	
补付差旅费	管理费用							2	0	0	0	0	
合　　计							¥	2	0	0	0	0	

附单据 1 张

会计主管：　　记账：　　出纳：钱玉玲　　审核：周淑娟　　制单：李梅雪

表 5.58 收款凭证

凭证字：银收

借方科目：银行存款　　　20＊4 年 6 月 15 日　　　凭证号：4

摘　　要	贷方总账科目	明细科目	贷方金额										记账符号
			千	百	十	万	千	百	十	元	角	分	
收到投入资本	实收资本	法人资本			2	0	0	0	0	0	0	0	
合　　计				¥	2	0	0	0	0	0	0	0	

附单据 1 张

会计主管：　　记账：　　出纳：钱玉玲　　审核：周淑娟　　制单：李梅雪

表 5.59　付款凭证

凭证字：银付

贷方科目：银行存款　　　　20＊4 年 6 月 15 日　　　　凭证号：3

摘　要	借方总账科目	明细科目	借方金额										记账符号
			千	百	十	万	千	百	十	元	角	分	
提取现金,备发工资	库存现金					5	0	0	0	0	0	0	
合　计					¥	5	0	0	0	0	0	0	

附单据 1 张

会计主管：　　记账：　　出纳：钱玉玲　　审核：周淑娟　　制单：李梅雪

表 5.60　付款凭证

凭证字：现付

贷方科目：库存现金　　　　20＊4 年 6 月 15 日　　　　凭证号：4

摘　要	借方总账科目	明细科目	借方金额										记账符号
			千	百	十	万	千	百	十	元	角	分	
发放工资	应付职工薪酬	工资				5	0	0	0	0	0	0	
合　计					¥	5	0	0	0	0	0	0	

附单据 1 张

会计主管：　　记账：　　出纳：钱玉玲　　审核：周淑娟　　制单：李梅雪

表 5.61 付款凭证

凭证字：银付

贷方科目：银行存款　　　　20＊4 年 6 月 15 日　　　　凭证号：4

摘要	借方总账科目	明细科目	借方金额										记账符号
			千	百	十	万	千	百	十	元	角	分	
归还材料款	应付账款	百家丽公司				2	3	4	0	0	0	0	
合　计					¥	2	3	4	0	0	0	0	

附单据 1 张

会计主管：　　记账：　　出纳：钱玉玲　　审核：周淑娟　　制单：李梅雪

表 5.62 转账凭证

凭证字：转

20＊4 年 6 月 16 日　　　　凭证号：4

摘要	总账科目	明细科目	借方金额										贷方金额										记账符号
			千	百	十	万	千	百	十	元	角	分	千	百	十	万	千	百	十	元	角	分	
生产车间领用材料	制造费用	材料费					3	0	0	0	0	0											
	原材料	B材料															3	0	0	0	0	0	
合　计						¥	3	0	0	0	0	0				¥	3	0	0	0	0	0	

附单据 1 张

会计主管：　　记账：　　审核：周淑娟　　制单：李梅雪

表 5.63　付款凭证

凭证字：银付

贷方科目：银行存款　　　　20＊4 年 6 月 18 日　　　　凭证号：5

摘　要	借方总账科目	明细科目	借方金额										记账符号
			千	百	十	万	千	百	十	元	角	分	
向希望工程捐款	营业外支出	捐赠支出				1	0	0	0	0	0	0	
合　计					¥	1	0	0	0	0	0	0	

附单据 1 张

会计主管：　　记账：　　出纳：钱玉玲　　审核：周淑娟　　制单：李梅雪

表 5.64　付款凭证

凭证字：银付

贷方科目：银行存款　　　　20＊4 年 6 月 20 日　　　　凭证号：6

摘　要	借方总账科目	明细科目	借方金额										记账符号
			千	百	十	万	千	百	十	元	角	分	
支付借款利息	财务费用	利息						3	0	0	0	0	
合　计							¥	3	0	0	0	0	

附单据 1 张

会计主管：　　记账：　　出纳：钱玉玲　　审核：周淑娟　　制单：李梅雪

表 5.65 收款凭证

凭证字：银收

借方科目：银行存款　　20＊4 年 6 月 22 日　　凭证号：5

摘要	贷方总账科目	明细科目	贷方金额										记账符号
			千	百	十	万	千	百	十	元	角	分	
销售 A 材料	其他业务收入	材料销售				1	0	0	0	0	0	0	
	应交税费	增(销)					1	7	0	0	0	0	
合计					¥	1	1	7	0	0	0	0	

附单据 1 张

会计主管：　记账：　出纳：钱玉玲　审核：周淑娟　制单：李梅雪

表 5.66 收款凭证

凭证字：银收

借方科目：银行存款　　20＊4 年 6 月 25 日　　凭证号：6

摘要	贷方总账科目	明细科目	贷方金额										记账符号
			千	百	十	万	千	百	十	元	角	分	
收到投资利润	投资收益					8	0	0	0	0	0	0	
合计					¥	8	0	0	0	0	0	0	

附单据 1 张

会计主管：　记账：　出纳：钱玉玲　审核：周淑娟　制单：李梅雪

表 5.67 付款凭证

凭证字：银付

贷方科目：银行存款　　　　20＊4 年 6 月 27 日　　　　凭证号：7

摘要	借方总账科目	明细科目	借方金额 千	百	十	万	千	百	十	元	角	分	记账符号
购买机器设备	固定资产	设备				2	5	0	0	0	0	0	
合计					¥	2	5	0	0	0	0	0	

附单据 2 张

会计主管：　　记账：　　出纳：钱玉玲　　审核：周淑娟　　制单：李梅雪

表 5.68 转账凭证

凭证字：转

20＊4 年 6 月 30 日　　　　凭证号：5

摘要	总账科目	明细科目	借方金额 千	百	十	万	千	百	十	元	角	分	贷方金额 千	百	十	万	千	百	十	元	角	分	记账符号
计提折旧	制造费用	折旧费					5	0	0	0	0	0											
	管理费用	折旧费					2	0	0	0	0	0											
	累计折旧																7	0	0	0	0	0	
合计						¥	7	0	0	0	0	0				¥	7	0	0	0	0	0	

附单据　张

会计主管：　　记账：　　审核：周淑娟　　制单：李梅雪

表 5.69 转账凭证

凭证字：转

20＊4 年 6 月 30 日　　凭证号：6

摘要	总账科目	明细科目	借方金额										贷方金额										记账符号
			千	百	十	万	千	百	十	元	角	分	千	百	十	万	千	百	十	元	角	分	
摊销财产保险费	制造费用	保险费						4	0	0	0	0											
	管理费用	保险费						2	0	0	0	0											
	预付账款																	6	0	0	0	0	
合计							¥	6	0	0	0	0					¥	6	0	0	0	0	

附单据　张

会计主管：　　记账：　　审核：周淑娟　　制单：李梅雪

表 5.70 转账凭证

凭证字：转

20＊4 年 6 月 30 日　　凭证号：7

摘要	总账科目	明细科目	借方金额										贷方金额										记账符号
			千	百	十	万	千	百	十	元	角	分	千	百	十	万	千	百	十	元	角	分	
结算职工工资	生产成本	甲产品				3	0	0	0	0	0	0											
	制造费用	工资					8	0	0	0	0	0											
	管理费用	工资				1	2	0	0	0	0	0											
	应付职工薪酬	工资														5	0	0	0	0	0	0	
合计					¥	5	0	0	0	0	0	0			¥	5	0	0	0	0	0	0	

附单据　张

会计主管：　　记账：　　审核：周淑娟　　制单：李梅雪

表 5.71　转账凭证

凭证字：转

20＊4 年 6 月 30 日　　　　凭证号：8

摘　要	总账科目	明细科目	借方金额										贷方金额										记账符号
			千	百	十	万	千	百	十	元	角	分	千	百	十	万	千	百	十	元	角	分	
提取职工福利	生产成本	甲产品					4	2	0	0	0	0											
	制造费用						1	1	2	0	0	0											
	管理费用						1	6	8	0	0	0											
	应付职工薪酬	福利费															7	0	0	0	0	0	
合　计						¥	7	0	0	0	0	0				¥	7	0	0	0	0	0	

附单据　张

会计主管：　　　记账：　　　审核：周淑娟　　　制单：李梅雪

表 5.72　转账凭证

凭证字：转

20＊4 年 6 月 30 日　　　　凭证号：9

摘　要	总账科目	明细科目	借方金额										贷方金额										记账符号
			千	百	十	万	千	百	十	元	角	分	千	百	十	万	千	百	十	元	角	分	
结转制造费用	生产成本	甲产品				2	1	3	0	0	0	0											
	制造费用															2	1	3	0	0	0	0	
合　计					¥	2	1	3	0	0	0	0			¥	2	1	3	0	0	0	0	

附单据　张

会计主管：　　　记账：　　　审核：周淑娟　　　制单：李梅雪

表 5.73 转账凭证

凭证字：转

20＊4 年 6 月 30 日　　凭证号：10

摘　要	总账科目	明细科目	借方金额										贷方金额										记账符号
			千	百	十	万	千	百	十	元	角	分	千	百	十	万	千	百	十	元	角	分	
结转完工产品成本	库存商品	甲产品			1	5	0	0	0	0	0	0											
	生产成本	甲产品													1	5	0	0	0	0	0	0	
合　计				¥	1	5	0	0	0	0	0	0		¥	1	5	0	0	0	0	0	0	

附单据　张

会计主管：　　记账：　　审核：周淑娟　　制单：李梅雪

表 5.74 转账凭证

凭证字：转

20＊4 年 6 月 30 日　　凭证号：11

摘　要	总账科目	明细科目	借方金额										贷方金额										记账符号
			千	百	十	万	千	百	十	元	角	分	千	百	十	万	千	百	十	元	角	分	
结转已售产品成本	主营业务成本	甲产品			1	2	0	0	0	0	0	0											
	库存商品	甲产品													1	2	0	0	0	0	0	0	
合　计				¥	1	2	0	0	0	0	0	0		¥	1	2	0	0	0	0	0	0	

附单据　张

会计主管：　　记账：　　审核：周淑娟　　制单：李梅雪

表 5.75　转账凭证

凭证字：转

20＊4 年 6 月 30 日　　　凭证号：12

摘　　要	总账科目	明细科目	借方金额										贷方金额										记账符号
			千	百	十	万	千	百	十	元	角	分	千	百	十	万	千	百	十	元	角	分	
结转已售材料成本	其他业务成本						7	2	0	0	0	0											
	原材料	A 材料															7	2	0	0	0	0	
合　　计						¥	7	2	0	0	0	0				¥	7	2	0	0	0	0	

附单据　张

会计主管：　　记账：　　审核：周淑娟　　制单：李梅雪

表 5.76　转账凭证

凭证字：转

20＊4 年 6 月 30 日　　　凭证号：13

摘　　要	总账科目	明细科目	借方金额										贷方金额										记账符号
			千	百	十	万	千	百	十	元	角	分	千	百	十	万	千	百	十	元	角	分	
计算应交城建税	营业税金及附加	城建税					1	6	6	6	0	0											
	应交税费	城建税															1	6	6	6	0	0	
合　　计						¥	1	6	6	6	0	0				¥	1	6	6	6	0	0	

附单据　张

会计主管：　　记账：　　审核：周淑娟　　制单：李梅雪

表 5.77　转账凭证

凭证字：转

20＊4 年 6 月 30 日　　　　凭证号：14

摘　　要	总账科目	明细科目	借方金额										贷方金额										记账符号
			千	百	十	万	千	百	十	元	角	分	千	百	十	万	千	百	十	元	角	分	
计算应交城建税	营业税金及附加	教育费附加						7	1	4	0	0											
	应交税费	教育费附加																7	1	4	0	0	
合　　计							¥	7	1	4	0	0				¥	7	1	0	4	0	0	

附单据　张

会计主管：　　　记账：　　　审核：周淑娟　　　制单：李梅雪

表 5.78　转账凭证

凭证字：转

20＊4 年 6 月 30 日　　　　凭证号：15

摘　　要	总账科目	明细科目	借方金额										贷方金额										记账符号
			千	百	十	万	千	百	十	元	角	分	千	百	十	万	千	百	十	元	角	分	
结转收入、收益	主营业务收入				1	5	0	0	0	0	0	0											
	其他业务收入					1	0	0	0	0	0	0											
	投资收益					8	0	0	0	0	0	0											
	本年利润														2	4	0	0	0	0	0	0	
合　　计				¥	2	4	0	0	0	0	0	0		¥	2	4	0	0	0	0	0	0	

附单据　张

会计主管：　　　记账：　　　审核：周淑娟　　　制单：李梅雪

表 5.79 转账凭证

凭证字：转

20＊4 年 6 月 30 日　　凭证号：16

摘　要	总账科目	明细科目	借方金额										贷方金额										记账符号
			千	百	十	万	千	百	十	元	角	分	千	百	十	万	千	百	十	元	角	分	
结转成本、费用	本年利润				1	2	9	5	8	0	0	0											
	主营业务成本														1	2	0	0	0	0	0	0	
	营业税金及附加																2	3	8	0	0	0	
	其他业务成本																7	2	0	0	0	0	
合　计				¥	1	2	9	5	8	0	0	0		¥	1	2	9	5	8	0	0	0	

附单据　张

会计主管：　　记账：　　审核：周淑娟　　制单：李梅雪

表 5.80 转账凭证

凭证字：转

20＊4 年 6 月 30 日　　凭证号：17

摘　要	总账科目	明细科目	借方金额										贷方金额										记账符号
			千	百	十	万	千	百	十	元	角	分	千	百	十	万	千	百	十	元	角	分	
结转成本、费用	本年利润					2	8	6	3	0	0	0											
	管理费用															1	7	3	3	0	0	0	
	销售费用																1	0	0	0	0	0	
	财务费用																	3	0	0	0	0	
	营业外支出															1	0	0	0	0	0	0	
合　计					¥	2	8	6	3	0	0	0			¥	2	8	6	3	0	0	0	

附单据　张

会计主管：　　记账：　　审核：周淑娟　　制单：李梅雪

表 5.81 转账凭证

凭证字：转

20＊4 年 6 月 30 日　　凭证号：18

摘要	总账科目	明细科目	借方金额										贷方金额										记账符号
			千	百	十	万	千	百	十	元	角	分	千	百	十	万	千	百	十	元	角	分	
计提所得税	所得税费用					2	0	4	4	7	5	0											
	应交税费	应交所得税														2	0	4	4	7	5	0	
合计					¥	2	0	4	4	7	5	0			¥	2	0	4	4	7	5	0	

附单据 张

会计主管：　　记账：　　审核：周淑娟　　制单：李梅雪

表 5.82 转账凭证

凭证字：转

20＊4 年 6 月 30 日　　凭证号：19

摘要	总账科目	明细科目	借方金额										贷方金额										记账符号
			千	百	十	万	千	百	十	元	角	分	千	百	十	万	千	百	十	元	角	分	
结转所得税	本年利润					2	0	4	4	7	5	0											
	所得税费用															2	0	4	4	7	5	0	
合计					¥	2	0	4	4	7	5	0			¥	2	0	4	4	7	5	0	

附单据 张

会计主管：　　记账：　　审核：周淑娟　　制单：李梅雪

实训要求

（1）根据上述资料，采用记账凭证会计核算程序登记总分类账（表 5.83～表 5.115）。

表 5.83 库存现金

年		凭证编号	摘要	对方科目	借方										贷方										借或贷	余额									
月	日				千	百	十	万	千	百	十	元	角	分	千	百	十	万	千	百	十	元	角	分		千	百	十	万	千	百	十	元	角	分

表 5.84 银行存款

年		凭证编号	摘要	对方科目	借方										贷方										借或贷	余额									
月	日				千	百	十	万	千	百	十	元	角	分	千	百	十	万	千	百	十	元	角	分		千	百	十	万	千	百	十	元	角	分

表 5.85 应收账款

年		凭证编号	摘要	对方科目	借方										贷方										借或贷	余额									
月	日				千	百	十	万	千	百	十	元	角	分	千	百	十	万	千	百	十	元	角	分		千	百	十	万	千	百	十	元	角	分

表 5.86 预付账款

年		凭证编号	摘要	对方科目	借方										贷方										借或贷	余额									
月	日				千	百	十	万	千	百	十	元	角	分	千	百	十	万	千	百	十	元	角	分		千	百	十	万	千	百	十	元	角	分

表 5.87 其他应收款

年		凭证编号	摘要	对方科目	借方										贷方										借或贷	余额									
月	日				千	百	十	万	千	百	十	元	角	分	千	百	十	万	千	百	十	元	角	分		千	百	十	万	千	百	十	元	角	分

表 5.88 原材料

年		凭证编号	摘要	对方科目	借方										贷方										借或贷	余额									
月	日				千	百	十	万	千	百	十	元	角	分	千	百	十	万	千	百	十	元	角	分		千	百	十	万	千	百	十	元	角	分

表 5.89 库存商品

年		凭证编号	摘要	对方科目	借方										贷方										借或贷	余额									
月	日				千	百	十	万	千	百	十	元	角	分	千	百	十	万	千	百	十	元	角	分		千	百	十	万	千	百	十	元	角	分

表 5.90 持有至到期投资

年		凭证编号	摘要	对方科目	借方										贷方										借或贷	余额									
月	日				千	百	十	万	千	百	十	元	角	分	千	百	十	万	千	百	十	元	角	分		千	百	十	万	千	百	十	元	角	分

表 5.91 固定资产

年		凭证编号	摘要	对方科目	借方										贷方										借或贷	余额									
月	日				千	百	十	万	千	百	十	元	角	分	千	百	十	万	千	百	十	元	角	分		千	百	十	万	千	百	十	元	角	分

表 5.92 累计折旧

年		凭证编号	摘要	对方科目	借方										贷方										借或贷	余额									
月	日				千	百	十	万	千	百	十	元	角	分	千	百	十	万	千	百	十	元	角	分		千	百	十	万	千	百	十	元	角	分

表 5.93 短期借款

年		凭证编号	摘要	对方科目	借方										贷方										借或贷	余额									
月	日				千	百	十	万	千	百	十	元	角	分	千	百	十	万	千	百	十	元	角	分		千	百	十	万	千	百	十	元	角	分

表 5.94 应付账款

年		凭证编号	摘要	对方科目	借方										贷方										借或贷	余额									
月	日				千	百	十	万	千	百	十	元	角	分	千	百	十	万	千	百	十	元	角	分		千	百	十	万	千	百	十	元	角	分

表 5.95 应付职工薪酬

年		凭证编号	摘要	对方科目	借方										贷方										借或贷	余额									
月	日				千	百	十	万	千	百	十	元	角	分	千	百	十	万	千	百	十	元	角	分		千	百	十	万	千	百	十	元	角	分

表 5.96 应交税费

年		凭证编号	摘要	对方科目	借方										贷方										借或贷	余额									
月	日				千	百	十	万	千	百	十	元	角	分	千	百	十	万	千	百	十	元	角	分		千	百	十	万	千	百	十	元	角	分

表 5.97 应付利息

年		凭证编号	摘要	对方科目	借方										贷方										借或贷	余额									
月	日				千	百	十	万	千	百	十	元	角	分	千	百	十	万	千	百	十	元	角	分		千	百	十	万	千	百	十	元	角	分

表 5.98 长期借款

年		凭证编号	摘要	对方科目	借方										贷方										借或贷	余额									
月	日				千	百	十	万	千	百	十	元	角	分	千	百	十	万	千	百	十	元	角	分		千	百	十	万	千	百	十	元	角	分

表 5.99 实收资本

年		凭证编号	摘要	对方科目	借方										贷方										借或贷	余额									
月	日				千	百	十	万	千	百	十	元	角	分	千	百	十	万	千	百	十	元	角	分		千	百	十	万	千	百	十	元	角	分

表 5.100　盈余公积

年		凭证编号	摘要	对方科目	借方										贷方										借或贷	余额									
月	日				千	百	十	万	千	百	十	元	角	分	千	百	十	万	千	百	十	元	角	分		千	百	十	万	千	百	十	元	角	分

表 5.101　本年利润

年		凭证编号	摘要	对方科目	借方										贷方										借或贷	余额									
月	日				千	百	十	万	千	百	十	元	角	分	千	百	十	万	千	百	十	元	角	分		千	百	十	万	千	百	十	元	角	分

表 5.102　利润分配

年		凭证编号	摘要	对方科目	借方										贷方										借或贷	余额									
月	日				千	百	十	万	千	百	十	元	角	分	千	百	十	万	千	百	十	元	角	分		千	百	十	万	千	百	十	元	角	分

表 5.103 生产成本

年		凭证编号	摘要	对方科目	借方										贷方										借或贷	余额									
月	日				千	百	十	万	千	百	十	元	角	分	千	百	十	万	千	百	十	元	角	分		千	百	十	万	千	百	十	元	角	分

表 5.104 制造费用

年		凭证编号	摘要	对方科目	借方										贷方										借或贷	余额									
月	日				千	百	十	万	千	百	十	元	角	分	千	百	十	万	千	百	十	元	角	分		千	百	十	万	千	百	十	元	角	分

表 5.105 主营业务收入

年		凭证编号	摘要	对方科目	借方										贷方										借或贷	余额									
月	日				千	百	十	万	千	百	十	元	角	分	千	百	十	万	千	百	十	元	角	分		千	百	十	万	千	百	十	元	角	分

表 5.106　其他业务收入

年		凭证编号	摘要	对方科目	借方										贷方										借或贷	余额									
月	日				千	百	十	万	千	百	十	元	角	分	千	百	十	万	千	百	十	元	角	分		千	百	十	万	千	百	十	元	角	分

表 5.107　投资收益

年		凭证编号	摘要	对方科目	借方										贷方										借或贷	余额									
月	日				千	百	十	万	千	百	十	元	角	分	千	百	十	万	千	百	十	元	角	分		千	百	十	万	千	百	十	元	角	分

表 5.108　主营业务成本

年		凭证编号	摘要	对方科目	借方										贷方										借或贷	余额									
月	日				千	百	十	万	千	百	十	元	角	分	千	百	十	万	千	百	十	元	角	分		千	百	十	万	千	百	十	元	角	分

表 5.109 其他业务成本

年		凭证编号	摘要	对方科目	借方										贷方										借或贷	余额									
月	日				千	百	十	万	千	百	十	元	角	分	千	百	十	万	千	百	十	元	角	分		千	百	十	万	千	百	十	元	角	分

表 5.110 营业税金及附加

年		凭证编号	摘要	对方科目	借方										贷方										借或贷	余额									
月	日				千	百	十	万	千	百	十	元	角	分	千	百	十	万	千	百	十	元	角	分		千	百	十	万	千	百	十	元	角	分

表 5.111 销售费用

年		凭证编号	摘要	对方科目	借方										贷方										借或贷	余额									
月	日				千	百	十	万	千	百	十	元	角	分	千	百	十	万	千	百	十	元	角	分		千	百	十	万	千	百	十	元	角	分

表 5.112 管理费用

年		凭证编号	摘要	对方科目	借方										贷方										借或贷	余额									
月	日				千	百	十	万	千	百	十	元	角	分	千	百	十	万	千	百	十	元	角	分		千	百	十	万	千	百	十	元	角	分

表 5.113 财务费用

年		凭证编号	摘要	对方科目	借方										贷方										借或贷	余额									
月	日				千	百	十	万	千	百	十	元	角	分	千	百	十	万	千	百	十	元	角	分		千	百	十	万	千	百	十	元	角	分

表 5.114 营业外支出

年		凭证编号	摘要	对方科目	借方										贷方										借或贷	余额									
月	日				千	百	十	万	千	百	十	元	角	分	千	百	十	万	千	百	十	元	角	分		千	百	十	万	千	百	十	元	角	分

表 5.115 所得税费用

年		凭证编号	摘要	对方科目	借方										贷方										借或贷	余额									
月	日				千	百	十	万	千	百	十	元	角	分	千	百	十	万	千	百	十	元	角	分		千	百	十	万	千	百	十	元	角	分

（2）根据上述记账凭证资料，采用科目汇总表会计核算程序登记总分类账（表 5.116～表 5.149）。

表 5.116 科目汇总表

____年____月____日至______年____月____日

单位：元

科汇字第____号

会计科目	本期发生额																			
	借方										贷方									
	千	百	十	万	千	百	十	元	角	分	千	百	十	万	千	百	十	元	角	分

续表

会计科目	本期发生额																			
	借方										贷方									
	千	百	十	万	千	百	十	元	角	分	千	百	十	万	千	百	十	元	角	分

表 5.117 库存现金

年		凭证编号	摘要	借方										贷方										借或贷	余额									
月	日			千	百	十	万	千	百	十	元	角	分	千	百	十	万	千	百	十	元	角	分		千	百	十	万	千	百	十	元	角	分

表 5.118 银行存款

年		凭证编号	摘要	借方										贷方										借或贷	余额									
月	日			千	百	十	万	千	百	十	元	角	分	千	百	十	万	千	百	十	元	角	分		千	百	十	万	千	百	十	元	角	分

表 5.119 应收账款

年		凭证编号	摘要	借方										贷方										借或贷	余额									
月	日			千	百	十	万	千	百	十	元	角	分	千	百	十	万	千	百	十	元	角	分		千	百	十	万	千	百	十	元	角	分

表 5.120 预付账款

年		凭证编号	摘要	借方										贷方										借或贷	余额									
月	日			千	百	十	万	千	百	十	元	角	分	千	百	十	万	千	百	十	元	角	分		千	百	十	万	千	百	十	元	角	分

表 5.121 其他应收款

年		凭证编号	摘要	借方										贷方										借或贷	余额									
月	日			千	百	十	万	千	百	十	元	角	分	千	百	十	万	千	百	十	元	角	分		千	百	十	万	千	百	十	元	角	分

表 5.122 原材料

年		凭证编号	摘要	借方										贷方										借或贷	余额									
月	日			千	百	十	万	千	百	十	元	角	分	千	百	十	万	千	百	十	元	角	分		千	百	十	万	千	百	十	元	角	分

表 5.123 库存商品

年		凭证编号	摘要	借方										贷方										借或贷	余额									
月	日			千	百	十	万	千	百	十	元	角	分	千	百	十	万	千	百	十	元	角	分		千	百	十	万	千	百	十	元	角	分

表 5.124 持有至到期投资

年		凭证编号	摘要	借方										贷方										借或贷	余额									
月	日			千	百	十	万	千	百	十	元	角	分	千	百	十	万	千	百	十	元	角	分		千	百	十	万	千	百	十	元	角	分

表 5.125 固定资产

年		凭证编号	摘要	借方										贷方										借或贷	余额									
月	日			千	百	十	万	千	百	十	元	角	分	千	百	十	万	千	百	十	元	角	分		千	百	十	万	千	百	十	元	角	分

表 5.126 累计折旧

年		凭证编号	摘要	借方										贷方										借或贷	余额									
月	日			千	百	十	万	千	百	十	元	角	分	千	百	十	万	千	百	十	元	角	分		千	百	十	万	千	百	十	元	角	分

表 5.127 短期借款

年		凭证编号	摘要	借方										贷方										借或贷	余额									
月	日			千	百	十	万	千	百	十	元	角	分	千	百	十	万	千	百	十	元	角	分		千	百	十	万	千	百	十	元	角	分

表 5.128 应付账款

年		凭证编号	摘要	借方										贷方										借或贷	余额									
月	日			千	百	十	万	千	百	十	元	角	分	千	百	十	万	千	百	十	元	角	分		千	百	十	万	千	百	十	元	角	分

表 5.129 应付职工薪酬

年		凭证编号	摘要	借方										贷方										借或贷	余额									
月	日			千	百	十	万	千	百	十	元	角	分	千	百	十	万	千	百	十	元	角	分		千	百	十	万	千	百	十	元	角	分

表 5.130 应交税费

年		凭证编号	摘要	借方										贷方										借或贷	余额									
月	日			千	百	十	万	千	百	十	元	角	分	千	百	十	万	千	百	十	元	角	分		千	百	十	万	千	百	十	元	角	分

表 5.131 应付利息

年		凭证编号	摘要	借方										贷方										借或贷	余额									
月	日			千	百	十	万	千	百	十	元	角	分	千	百	十	万	千	百	十	元	角	分		千	百	十	万	千	百	十	元	角	分

表 5.132 长期借款

年		凭证编号	摘要	借方										贷方										借或贷	余额									
月	日			千	百	十	万	千	百	十	元	角	分	千	百	十	万	千	百	十	元	角	分		千	百	十	万	千	百	十	元	角	分

表 5.133 实收资本

年		凭证编号	摘要	借方										贷方										借或贷	余额									
月	日			千	百	十	万	千	百	十	元	角	分	千	百	十	万	千	百	十	元	角	分		千	百	十	万	千	百	十	元	角	分

表 5.134 盈余公积

年		凭证编号	摘要	借方										贷方										借或贷	余额									
月	日			千	百	十	万	千	百	十	元	角	分	千	百	十	万	千	百	十	元	角	分		千	百	十	万	千	百	十	元	角	分

表 5.135 本年利润

年		凭证编号	摘要	借方										贷方										借或贷	余额									
月	日			千	百	十	万	千	百	十	元	角	分	千	百	十	万	千	百	十	元	角	分		千	百	十	万	千	百	十	元	角	分

表 5.136 利润分配

年		凭证编号	摘要	借方										贷方										借或贷	余额									
月	日			千	百	十	万	千	百	十	元	角	分	千	百	十	万	千	百	十	元	角	分		千	百	十	万	千	百	十	元	角	分

表 5.137 生产成本

年		凭证编号	摘要	借方										贷方										借或贷	余额									
月	日			千	百	十	万	千	百	十	元	角	分	千	百	十	万	千	百	十	元	角	分		千	百	十	万	千	百	十	元	角	分

表 5.138 制造费用

年		凭证编号	摘要	借方										贷方										借或贷	余额									
月	日			千	百	十	万	千	百	十	元	角	分	千	百	十	万	千	百	十	元	角	分		千	百	十	万	千	百	十	元	角	分

表 5.139 主营业务收入

年		凭证编号	摘要	借方										贷方										借或贷	余额									
月	日			千	百	十	万	千	百	十	元	角	分	千	百	十	万	千	百	十	元	角	分		千	百	十	万	千	百	十	元	角	分

表 5.140 其他业务收入

年		凭证编号	摘要	借方										贷方										借或贷	余额									
月	日			千	百	十	万	千	百	十	元	角	分	千	百	十	万	千	百	十	元	角	分		千	百	十	万	千	百	十	元	角	分

表 5.141 投资收益

年		凭证编号	摘要	借方										贷方										借或贷	余额									
月	日			千	百	十	万	千	百	十	元	角	分	千	百	十	万	千	百	十	元	角	分		千	百	十	万	千	百	十	元	角	分

表 5.142 主营业务成本

年		凭证编号	摘要	借方										贷方										借或贷	余额									
月	日			千	百	十	万	千	百	十	元	角	分	千	百	十	万	千	百	十	元	角	分		千	百	十	万	千	百	十	元	角	分

表 5.143 其他业务成本

年		凭证编号	摘要	借方										贷方										借或贷	余额									
月	日			千	百	十	万	千	百	十	元	角	分	千	百	十	万	千	百	十	元	角	分		千	百	十	万	千	百	十	元	角	分

表 5.144 营业税金及附加

年		凭证编号	摘要	借方										贷方										借或贷	余额									
月	日			千	百	十	万	千	百	十	元	角	分	千	百	十	万	千	百	十	元	角	分		千	百	十	万	千	百	十	元	角	分

表 5.145 销售费用

年		凭证编号	摘要	借方										贷方										借或贷	余额									
月	日			千	百	十	万	千	百	十	元	角	分	千	百	十	万	千	百	十	元	角	分		千	百	十	万	千	百	十	元	角	分

表 5.146 管理费用

年		凭证编号	摘要	借方										贷方										借或贷	余额									
月	日			千	百	十	万	千	百	十	元	角	分	千	百	十	万	千	百	十	元	角	分		千	百	十	万	千	百	十	元	角	分

表 5.147 财务费用

年		凭证编号	摘要	借方										贷方										借或贷	余额									
月	日			千	百	十	万	千	百	十	元	角	分	千	百	十	万	千	百	十	元	角	分		千	百	十	万	千	百	十	元	角	分

表 5.148 营业外支出

年		凭证编号	摘要	借方										贷方										借或贷	余额									
月	日			千	百	十	万	千	百	十	元	角	分	千	百	十	万	千	百	十	元	角	分		千	百	十	万	千	百	十	元	角	分

表 5.149 所得税费用

年		凭证编号	摘要	借方										贷方										借或贷	余额									
月	日			千	百	十	万	千	百	十	元	角	分	千	百	十	万	千	百	十	元	角	分		千	百	十	万	千	百	十	元	角	分

(3) 根据上述记账凭证资料，采用汇总记账凭证会计核算程序登记总分类账(表 5.150～表 5.205)。

表 5.150 汇总收款凭证

借方科目:库存现金　　　　　年　　月　　　　　汇收　第　　号

贷方科目	金额																																							
	1—10 日										11—20 日										21—31 日										合计									
	千	百	十	万	千	百	十	元	角	分	千	百	十	万	千	百	十	元	角	分	千	百	十	万	千	百	十	元	角	分	千	百	十	万	千	百	十	元	角	分
合计																																								

表 5.151 汇总收款凭证

借方科目:银行存款　　　　　年　　月　　　　　汇收　第　　号

贷方科目	金额																																							
	1—10 日										11—20 日										21—31 日										合计									
	千	百	十	万	千	百	十	元	角	分	千	百	十	万	千	百	十	元	角	分	千	百	十	万	千	百	十	元	角	分	千	百	十	万	千	百	十	元	角	分
合计																																								

表 5.152　汇总付款凭证

贷方科目:库存现金　　　　　　　　年　　月　　　　　　　　汇付　第　　号

借方科目	金额																																							
	1—10日										11—20日										21—31日										合计									
	千	百	十	万	千	百	十	元	角	分	千	百	十	万	千	百	十	元	角	分	千	百	十	万	千	百	十	元	角	分	千	百	十	万	千	百	十	元	角	分
合计																																								

表 5.153　汇总付款凭证

贷方科目:银行存款　　　　　　　　年　　月　　　　　　　　汇付　第　　号

借方科目	金额																																							
	1—10日										11—20日										21—31日										合计									
	千	百	十	万	千	百	十	元	角	分	千	百	十	万	千	百	十	元	角	分	千	百	十	万	千	百	十	元	角	分	千	百	十	万	千	百	十	元	角	分
合计																																								

表 5.154　汇总转账凭证

贷方科目:预付账款　　　　年　月　　　　汇转　第　号

借方科目	金额																																							
	1—10日										11—20日										21—31日										合计									
	千	百	十	万	千	百	十	元	角	分	千	百	十	万	千	百	十	元	角	分	千	百	十	万	千	百	十	元	角	分	千	百	十	万	千	百	十	元	角	分
合计																																								

表 5.155　汇总转账凭证

贷方科目:其他应收款　　　　年　月　　　　汇转　第　号

借方科目	金额																																							
	1—10日										11—20日										21—31日										合计									
	千	百	十	万	千	百	十	元	角	分	千	百	十	万	千	百	十	元	角	分	千	百	十	万	千	百	十	元	角	分	千	百	十	万	千	百	十	元	角	分
合计																																								

表 5.156　汇总转账凭证

贷方科目:原材料　　　　年　月　　　　汇转　第　号

借方科目	金额																																							
	1—10日										11—20日										21—31日										合计									
	千	百	十	万	千	百	十	元	角	分	千	百	十	万	千	百	十	元	角	分	千	百	十	万	千	百	十	元	角	分	千	百	十	万	千	百	十	元	角	分
合计																																								

表 5.157 汇总转账凭证

贷方科目:库存商品　　　　年　　月　　　　汇转　第　　号

<table>
<tr><td rowspan="3">借方科目</td><td colspan="40">金　　额</td></tr>
<tr><td colspan="10">1—10 日</td><td colspan="10">11—20 日</td><td colspan="10">21—31 日</td><td colspan="10">合计</td></tr>
<tr><td>千</td><td>百</td><td>十</td><td>万</td><td>千</td><td>百</td><td>十</td><td>元</td><td>角</td><td>分</td><td>千</td><td>百</td><td>十</td><td>万</td><td>千</td><td>百</td><td>十</td><td>元</td><td>角</td><td>分</td><td>千</td><td>百</td><td>十</td><td>万</td><td>千</td><td>百</td><td>十</td><td>元</td><td>角</td><td>分</td><td>千</td><td>百</td><td>十</td><td>万</td><td>千</td><td>百</td><td>十</td><td>元</td><td>角</td><td>分</td></tr>
<tr><td></td><td></td><td></td><td></td><td></td><td></td><td></td><td></td><td></td><td></td><td></td><td></td><td></td><td></td><td></td><td></td><td></td><td></td><td></td><td></td><td></td><td></td><td></td><td></td><td></td><td></td><td></td><td></td><td></td><td></td><td></td><td></td><td></td><td></td><td></td><td></td><td></td><td></td><td></td><td></td><td></td></tr>
<tr><td></td><td></td><td></td><td></td><td></td><td></td><td></td><td></td><td></td><td></td><td></td><td></td><td></td><td></td><td></td><td></td><td></td><td></td><td></td><td></td><td></td><td></td><td></td><td></td><td></td><td></td><td></td><td></td><td></td><td></td><td></td><td></td><td></td><td></td><td></td><td></td><td></td><td></td><td></td><td></td><td></td></tr>
<tr><td></td><td></td><td></td><td></td><td></td><td></td><td></td><td></td><td></td><td></td><td></td><td></td><td></td><td></td><td></td><td></td><td></td><td></td><td></td><td></td><td></td><td></td><td></td><td></td><td></td><td></td><td></td><td></td><td></td><td></td><td></td><td></td><td></td><td></td><td></td><td></td><td></td><td></td><td></td><td></td><td></td></tr>
<tr><td></td><td></td><td></td><td></td><td></td><td></td><td></td><td></td><td></td><td></td><td></td><td></td><td></td><td></td><td></td><td></td><td></td><td></td><td></td><td></td><td></td><td></td><td></td><td></td><td></td><td></td><td></td><td></td><td></td><td></td><td></td><td></td><td></td><td></td><td></td><td></td><td></td><td></td><td></td><td></td><td></td></tr>
<tr><td></td><td></td><td></td><td></td><td></td><td></td><td></td><td></td><td></td><td></td><td></td><td></td><td></td><td></td><td></td><td></td><td></td><td></td><td></td><td></td><td></td><td></td><td></td><td></td><td></td><td></td><td></td><td></td><td></td><td></td><td></td><td></td><td></td><td></td><td></td><td></td><td></td><td></td><td></td><td></td><td></td></tr>
<tr><td>合　计</td><td></td><td></td><td></td><td></td><td></td><td></td><td></td><td></td><td></td><td></td><td></td><td></td><td></td><td></td><td></td><td></td><td></td><td></td><td></td><td></td><td></td><td></td><td></td><td></td><td></td><td></td><td></td><td></td><td></td><td></td><td></td><td></td><td></td><td></td><td></td><td></td><td></td><td></td><td></td><td></td></tr>
</table>

表 5.158 汇总转账凭证

贷方科目:累计折旧　　　　年　　月　　　　汇转　第　　号

<table>
<tr><td rowspan="3">借方科目</td><td colspan="40">金　　额</td></tr>
<tr><td colspan="10">1—10 日</td><td colspan="10">11—20 日</td><td colspan="10">21—31 日</td><td colspan="10">合计</td></tr>
<tr><td>千</td><td>百</td><td>十</td><td>万</td><td>千</td><td>百</td><td>十</td><td>元</td><td>角</td><td>分</td><td>千</td><td>百</td><td>十</td><td>万</td><td>千</td><td>百</td><td>十</td><td>元</td><td>角</td><td>分</td><td>千</td><td>百</td><td>十</td><td>万</td><td>千</td><td>百</td><td>十</td><td>元</td><td>角</td><td>分</td><td>千</td><td>百</td><td>十</td><td>万</td><td>千</td><td>百</td><td>十</td><td>元</td><td>角</td><td>分</td></tr>
<tr><td></td><td></td><td></td><td></td><td></td><td></td><td></td><td></td><td></td><td></td><td></td><td></td><td></td><td></td><td></td><td></td><td></td><td></td><td></td><td></td><td></td><td></td><td></td><td></td><td></td><td></td><td></td><td></td><td></td><td></td><td></td><td></td><td></td><td></td><td></td><td></td><td></td><td></td><td></td><td></td><td></td></tr>
<tr><td></td><td></td><td></td><td></td><td></td><td></td><td></td><td></td><td></td><td></td><td></td><td></td><td></td><td></td><td></td><td></td><td></td><td></td><td></td><td></td><td></td><td></td><td></td><td></td><td></td><td></td><td></td><td></td><td></td><td></td><td></td><td></td><td></td><td></td><td></td><td></td><td></td><td></td><td></td><td></td><td></td></tr>
<tr><td></td><td></td><td></td><td></td><td></td><td></td><td></td><td></td><td></td><td></td><td></td><td></td><td></td><td></td><td></td><td></td><td></td><td></td><td></td><td></td><td></td><td></td><td></td><td></td><td></td><td></td><td></td><td></td><td></td><td></td><td></td><td></td><td></td><td></td><td></td><td></td><td></td><td></td><td></td><td></td><td></td></tr>
<tr><td></td><td></td><td></td><td></td><td></td><td></td><td></td><td></td><td></td><td></td><td></td><td></td><td></td><td></td><td></td><td></td><td></td><td></td><td></td><td></td><td></td><td></td><td></td><td></td><td></td><td></td><td></td><td></td><td></td><td></td><td></td><td></td><td></td><td></td><td></td><td></td><td></td><td></td><td></td><td></td><td></td></tr>
<tr><td></td><td></td><td></td><td></td><td></td><td></td><td></td><td></td><td></td><td></td><td></td><td></td><td></td><td></td><td></td><td></td><td></td><td></td><td></td><td></td><td></td><td></td><td></td><td></td><td></td><td></td><td></td><td></td><td></td><td></td><td></td><td></td><td></td><td></td><td></td><td></td><td></td><td></td><td></td><td></td><td></td></tr>
<tr><td>合　计</td><td></td><td></td><td></td><td></td><td></td><td></td><td></td><td></td><td></td><td></td><td></td><td></td><td></td><td></td><td></td><td></td><td></td><td></td><td></td><td></td><td></td><td></td><td></td><td></td><td></td><td></td><td></td><td></td><td></td><td></td><td></td><td></td><td></td><td></td><td></td><td></td><td></td><td></td><td></td><td></td></tr>
</table>

表 5.159 汇总转账凭证

贷方科目:应付账款　　　　年　　月　　　　汇转　第　　号

<table>
<tr><td rowspan="3">借方科目</td><td colspan="40">金　　额</td></tr>
<tr><td colspan="10">1—10 日</td><td colspan="10">11—20 日</td><td colspan="10">21—31 日</td><td colspan="10">合计</td></tr>
<tr><td>千</td><td>百</td><td>十</td><td>万</td><td>千</td><td>百</td><td>十</td><td>元</td><td>角</td><td>分</td><td>千</td><td>百</td><td>十</td><td>万</td><td>千</td><td>百</td><td>十</td><td>元</td><td>角</td><td>分</td><td>千</td><td>百</td><td>十</td><td>万</td><td>千</td><td>百</td><td>十</td><td>元</td><td>角</td><td>分</td><td>千</td><td>百</td><td>十</td><td>万</td><td>千</td><td>百</td><td>十</td><td>元</td><td>角</td><td>分</td></tr>
<tr><td></td><td></td><td></td><td></td><td></td><td></td><td></td><td></td><td></td><td></td><td></td><td></td><td></td><td></td><td></td><td></td><td></td><td></td><td></td><td></td><td></td><td></td><td></td><td></td><td></td><td></td><td></td><td></td><td></td><td></td><td></td><td></td><td></td><td></td><td></td><td></td><td></td><td></td><td></td><td></td><td></td></tr>
<tr><td></td><td></td><td></td><td></td><td></td><td></td><td></td><td></td><td></td><td></td><td></td><td></td><td></td><td></td><td></td><td></td><td></td><td></td><td></td><td></td><td></td><td></td><td></td><td></td><td></td><td></td><td></td><td></td><td></td><td></td><td></td><td></td><td></td><td></td><td></td><td></td><td></td><td></td><td></td><td></td><td></td></tr>
<tr><td></td><td></td><td></td><td></td><td></td><td></td><td></td><td></td><td></td><td></td><td></td><td></td><td></td><td></td><td></td><td></td><td></td><td></td><td></td><td></td><td></td><td></td><td></td><td></td><td></td><td></td><td></td><td></td><td></td><td></td><td></td><td></td><td></td><td></td><td></td><td></td><td></td><td></td><td></td><td></td><td></td></tr>
<tr><td></td><td></td><td></td><td></td><td></td><td></td><td></td><td></td><td></td><td></td><td></td><td></td><td></td><td></td><td></td><td></td><td></td><td></td><td></td><td></td><td></td><td></td><td></td><td></td><td></td><td></td><td></td><td></td><td></td><td></td><td></td><td></td><td></td><td></td><td></td><td></td><td></td><td></td><td></td><td></td><td></td></tr>
<tr><td></td><td></td><td></td><td></td><td></td><td></td><td></td><td></td><td></td><td></td><td></td><td></td><td></td><td></td><td></td><td></td><td></td><td></td><td></td><td></td><td></td><td></td><td></td><td></td><td></td><td></td><td></td><td></td><td></td><td></td><td></td><td></td><td></td><td></td><td></td><td></td><td></td><td></td><td></td><td></td><td></td></tr>
<tr><td>合　计</td><td></td><td></td><td></td><td></td><td></td><td></td><td></td><td></td><td></td><td></td><td></td><td></td><td></td><td></td><td></td><td></td><td></td><td></td><td></td><td></td><td></td><td></td><td></td><td></td><td></td><td></td><td></td><td></td><td></td><td></td><td></td><td></td><td></td><td></td><td></td><td></td><td></td><td></td><td></td><td></td></tr>
</table>

表 5.160 汇总转账凭证

贷方科目:应付职工薪酬 年 月 汇转 第 号

借方科目	金额																																							
	1—10日										11—20日										21—31日										合计									
	千	百	十	万	千	百	十	元	角	分	千	百	十	万	千	百	十	元	角	分	千	百	十	万	千	百	十	元	角	分	千	百	十	万	千	百	十	元	角	分
合计																																								

表 5.161 汇总转账凭证

贷方科目:应交税费 年 月 汇转 第 号

借方科目	金额																																							
	1—10日										11—20日										21—31日										合计									
	千	百	十	万	千	百	十	元	角	分	千	百	十	万	千	百	十	元	角	分	千	百	十	万	千	百	十	元	角	分	千	百	十	万	千	百	十	元	角	分
合计																																								

表 5.162 汇总转账凭证

贷方科目:本年利润 年 月 汇转 第 号

借方科目	金额																																							
	1—10日										11—20日										21—31日										合计									
	千	百	十	万	千	百	十	元	角	分	千	百	十	万	千	百	十	元	角	分	千	百	十	万	千	百	十	元	角	分	千	百	十	万	千	百	十	元	角	分
合计																																								

表 5.163　汇总转账凭证

贷方科目:生产成本　　　　年　　月　　　　汇转　第　　号

借方科目	金额																																							
	1—10日										11—20日										21—31日										合计									
	千	百	十	万	千	百	十	元	角	分	千	百	十	万	千	百	十	元	角	分	千	百	十	万	千	百	十	元	角	分	千	百	十	万	千	百	十	元	角	分
合计																																								

表 5.164　汇总转账凭证

贷方科目:制造费用　　　　年　　月　　　　汇转　第　　号

借方科目	金额																																							
	1—10日										11—20日										21—31日										合计									
	千	百	十	万	千	百	十	元	角	分	千	百	十	万	千	百	十	元	角	分	千	百	十	万	千	百	十	元	角	分	千	百	十	万	千	百	十	元	角	分
合计																																								

表 5.165　汇总转账凭证

贷方科目:主营业务成本　　　　年　　月　　　　汇转　第　　号

借方科目	金额																																							
	1—10日										11—20日										21—31日										合计									
	千	百	十	万	千	百	十	元	角	分	千	百	十	万	千	百	十	元	角	分	千	百	十	万	千	百	十	元	角	分	千	百	十	万	千	百	十	元	角	分
合计																																								

表 5.166 汇总转账凭证

贷方科目:其他业务成本　　　　年　　月　　　　汇转　第　　号

借方科目	金额																																							
	1—10日										11—20日										21—31日										合计									
	千	百	十	万	千	百	十	元	角	分	千	百	十	万	千	百	十	元	角	分	千	百	十	万	千	百	十	元	角	分	千	百	十	万	千	百	十	元	角	分
合 计																																								

表 5.167 汇总转账凭证

贷方科目:营业税金及附加　　　　年　　月　　　　汇转　第　　号

借方科目	金额																																							
	1—10日										11—20日										21—31日										合计									
	千	百	十	万	千	百	十	元	角	分	千	百	十	万	千	百	十	元	角	分	千	百	十	万	千	百	十	元	角	分	千	百	十	万	千	百	十	元	角	分
合 计																																								

表 5.168 汇总转账凭证

贷方科目:销售费用　　　　年　　月　　　　汇转　第　　号

借方科目	金额																																							
	1—10日										11—20日										21—31日										合计									
	千	百	十	万	千	百	十	元	角	分	千	百	十	万	千	百	十	元	角	分	千	百	十	万	千	百	十	元	角	分	千	百	十	万	千	百	十	元	角	分
合 计																																								

表 5.169　汇总转账凭证

贷方科目：管理费用　　　　年　　月　　　　汇转　第　　号

借方科目	金额																																							
	1—10日										11—20日										21—31日										合计									
	千	百	十	万	千	百	十	元	角	分	千	百	十	万	千	百	十	元	角	分	千	百	十	万	千	百	十	元	角	分	千	百	十	万	千	百	十	元	角	分
合　计																																								

表 5.170　汇总转账凭证

贷方科目：财务费用　　　　年　　月　　　　汇转　第　　号

借方科目	金额																																							
	1—10日										11—20日										21—31日										合计									
	千	百	十	万	千	百	十	元	角	分	千	百	十	万	千	百	十	元	角	分	千	百	十	万	千	百	十	元	角	分	千	百	十	万	千	百	十	元	角	分
合　计																																								

表 5.171　汇总转账凭证

贷方科目：营业外支出　　　　年　　月　　　　汇转　第　　号

借方科目	金额																																							
	1—10日										11—20日										21—31日										合计									
	千	百	十	万	千	百	十	元	角	分	千	百	十	万	千	百	十	元	角	分	千	百	十	万	千	百	十	元	角	分	千	百	十	万	千	百	十	元	角	分
合　计																																								

表 5.172 汇总转账凭证

贷方科目:所得税费用　　　　年　　月　　　　汇转　第　　号

借方科目	金额																																							
	1—10 日										11—20 日										21—31 日										合计									
	千	百	十	万	千	百	十	元	角	分	千	百	十	万	千	百	十	元	角	分	千	百	十	万	千	百	十	元	角	分	千	百	十	万	千	百	十	元	角	分
合计																																								

表 5.173 库存现金

年		凭证编号	摘要	借方										贷方										借或贷	余额									
月	日			千	百	十	万	千	百	十	元	角	分	千	百	十	万	千	百	十	元	角	分		千	百	十	万	千	百	十	元	角	分

表 5.174 银行存款

年		凭证编号	摘要	借方										贷方										借或贷	余额									
月	日			千	百	十	万	千	百	十	元	角	分	千	百	十	万	千	百	十	元	角	分		千	百	十	万	千	百	十	元	角	分

表 5.175　应收账款

年		凭证编号	摘要	借方										贷方										借或贷	余额									
月	日			千	百	十	万	千	百	十	元	角	分	千	百	十	万	千	百	十	元	角	分		千	百	十	万	千	百	十	元	角	分

表 5.176　预付账款

年		凭证编号	摘要	借方										贷方										借或贷	余额									
月	日			千	百	十	万	千	百	十	元	角	分	千	百	十	万	千	百	十	元	角	分		千	百	十	万	千	百	十	元	角	分

表 5.177　其他应收款

年		凭证编号	摘要	借方										贷方										借或贷	余额									
月	日			千	百	十	万	千	百	十	元	角	分	千	百	十	万	千	百	十	元	角	分		千	百	十	万	千	百	十	元	角	分

表 5.178 原材料

年		凭证编号	摘要	借方										贷方										借或贷	余额									
月	日			千	百	十	万	千	百	十	元	角	分	千	百	十	万	千	百	十	元	角	分		千	百	十	万	千	百	十	元	角	分

表 5.179 库存商品

年		凭证编号	摘要	借方										贷方										借或贷	余额									
月	日			千	百	十	万	千	百	十	元	角	分	千	百	十	万	千	百	十	元	角	分		千	百	十	万	千	百	十	元	角	分

表 5.180 持有至到期投资

年		凭证编号	摘要	借方										贷方										借或贷	余额									
月	日			千	百	十	万	千	百	十	元	角	分	千	百	十	万	千	百	十	元	角	分		千	百	十	万	千	百	十	元	角	分

表 5.181　固定资产

年		凭证编号	摘要	借方										贷方										借或贷	余额									
月	日			千	百	十	万	千	百	十	元	角	分	千	百	十	万	千	百	十	元	角	分		千	百	十	万	千	百	十	元	角	分

表 5.182　累计折旧

年		凭证编号	摘要	借方										贷方										借或贷	余额									
月	日			千	百	十	万	千	百	十	元	角	分	千	百	十	万	千	百	十	元	角	分		千	百	十	万	千	百	十	元	角	分

表 5.183　短期借款

年		凭证编号	摘要	借方										贷方										借或贷	余额									
月	日			千	百	十	万	千	百	十	元	角	分	千	百	十	万	千	百	十	元	角	分		千	百	十	万	千	百	十	元	角	分

表 5.184 应付账款

年		凭证编号	摘要	借方										贷方										借或贷	余额									
月	日			千	百	十	万	千	百	十	元	角	分	千	百	十	万	千	百	十	元	角	分		千	百	十	万	千	百	十	元	角	分

表 5.185 应付职工薪酬

年		凭证编号	摘要	借方										贷方										借或贷	余额									
月	日			千	百	十	万	千	百	十	元	角	分	千	百	十	万	千	百	十	元	角	分		千	百	十	万	千	百	十	元	角	分

表 5.186 应交税费

年		凭证编号	摘要	借方										贷方										借或贷	余额									
月	日			千	百	十	万	千	百	十	元	角	分	千	百	十	万	千	百	十	元	角	分		千	百	十	万	千	百	十	元	角	分

表 5.187　应付利息

年		凭证编号	摘要	借方										贷方										借或贷	余额									
月	日			千	百	十	万	千	百	十	元	角	分	千	百	十	万	千	百	十	元	角	分		千	百	十	万	千	百	十	元	角	分

表 5.188　长期借款

年		凭证编号	摘要	借方										贷方										借或贷	余额									
月	日			千	百	十	万	千	百	十	元	角	分	千	百	十	万	千	百	十	元	角	分		千	百	十	万	千	百	十	元	角	分

表 5.189　实收资本

年		凭证编号	摘要	借方										贷方										借或贷	余额									
月	日			千	百	十	万	千	百	十	元	角	分	千	百	十	万	千	百	十	元	角	分		千	百	十	万	千	百	十	元	角	分

表 5.190 盈余公积

年		凭证编号	摘要	借方										贷方										借或贷	余额									
月	日			千	百	十	万	千	百	十	元	角	分	千	百	十	万	千	百	十	元	角	分		千	百	十	万	千	百	十	元	角	分

表 5.191 本年利润

年		凭证编号	摘要	借方										贷方										借或贷	余额									
月	日			千	百	十	万	千	百	十	元	角	分	千	百	十	万	千	百	十	元	角	分		千	百	十	万	千	百	十	元	角	分

表 5.192 利润分配

年		凭证编号	摘要	借方										贷方										借或贷	余额									
月	日			千	百	十	万	千	百	十	元	角	分	千	百	十	万	千	百	十	元	角	分		千	百	十	万	千	百	十	元	角	分

表 5.193 生产成本

年		凭证编号	摘要	借方										贷方										借或贷	余额									
月	日			千	百	十	万	千	百	十	元	角	分	千	百	十	万	千	百	十	元	角	分		千	百	十	万	千	百	十	元	角	分

表 5.194 制造费用

年		凭证编号	摘要	借方										贷方										借或贷	余额									
月	日			千	百	十	万	千	百	十	元	角	分	千	百	十	万	千	百	十	元	角	分		千	百	十	万	千	百	十	元	角	分

表 5.195 主营业务收入

年		凭证编号	摘要	借方										贷方										借或贷	余额									
月	日			千	百	十	万	千	百	十	元	角	分	千	百	十	万	千	百	十	元	角	分		千	百	十	万	千	百	十	元	角	分

表 5.196 其他业务收入

年		凭证字号	摘要	借方										贷方										借或贷	余额									
月	日			千	百	十	万	千	百	十	元	角	分	千	百	十	万	千	百	十	元	角	分		千	百	十	万	千	百	十	元	角	分

表 5.197 投资收益

年		凭证字号	摘要	借方										贷方										借或贷	余额									
月	日			千	百	十	万	千	百	十	元	角	分	千	百	十	万	千	百	十	元	角	分		千	百	十	万	千	百	十	元	角	分

表 5.198 主营业务成本

年		凭证字号	摘要	借方										贷方										借或贷	余额									
月	日			千	百	十	万	千	百	十	元	角	分	千	百	十	万	千	百	十	元	角	分		千	百	十	万	千	百	十	元	角	分

表 5.199 其他业务成本

年		凭证字号	摘要	借方										贷方										借或贷	余额									
月	日			千	百	十	万	千	百	十	元	角	分	千	百	十	万	千	百	十	元	角	分		千	百	十	万	千	百	十	元	角	分

表 5.200 营业税金及附加

年		凭证字号	摘要	借方										贷方										借或贷	余额									
月	日			千	百	十	万	千	百	十	元	角	分	千	百	十	万	千	百	十	元	角	分		千	百	十	万	千	百	十	元	角	分

表 5.201 销售费用

年		凭证字号	摘要	借方										贷方										借或贷	余额									
月	日			千	百	十	万	千	百	十	元	角	分	千	百	十	万	千	百	十	元	角	分		千	百	十	万	千	百	十	元	角	分

表 5.202 管理费用

年		凭证字号	摘要	借方										贷方										借或贷	余额									
月	日			千	百	十	万	千	百	十	元	角	分	千	百	十	万	千	百	十	元	角	分		千	百	十	万	千	百	十	元	角	分

表 5.203 财务费用

年		凭证字号	摘要	借方										贷方										借或贷	余额									
月	日			千	百	十	万	千	百	十	元	角	分	千	百	十	万	千	百	十	元	角	分		千	百	十	万	千	百	十	元	角	分

表 5.204 营业外支出

年		凭证字号	摘要	借方										贷方										借或贷	余额									
月	日			千	百	十	万	千	百	十	元	角	分	千	百	十	万	千	百	十	元	角	分		千	百	十	万	千	百	十	元	角	分

表 5.205 所得税费用

年		凭证字号	摘要	借方										贷方										借或贷	余额									
月	日			千	百	十	万	千	百	十	元	角	分	千	百	十	万	千	百	十	元	角	分		千	百	十	万	千	百	十	元	角	分

任务四　错账更正训练

实训目的

（1）熟悉几种常见的错账类型；

（2）掌握错账更正的几种方法及具体的运用。

实训时间

完成本次实训需 2 学时。

实训用品

记账凭证、总账账页、计算器、尺子、钢笔等。

实训资料

要求：根据下列有关经济业务及填制的记账凭证与会计账簿进行错账更正。

某企业采用记账凭证账务处理程序。该企业 20＊4 年 10 月 1 日开始营业，该企业享受免税优惠，无各项税费支出，本年末不进行利润分配。10 月 1 日各账户余额如表 5.206 所示。

表 5.206 账户余额表

会计科目	借方余额	贷方余额
库存现金	4 000	
银行存款	90 000	
原材料	15 000	
固定资产	340 000	
短期借款		42 000
长期借款		95 000
实收资本		312 000
合计	449 000	449 000

10 月份该工厂发生下列经济业务：

(1) 5 日，从银行提取备用金 1 000 元。

(2) 7 日，以银行存款 1 200 元支付水电费，其中生产产品用 800 元，行政管理部门用 400 元。

(3) 12 日，生产车间领用原材料 10 000 元用于产品生产。

(4) 13 日，结算上月应付职工薪酬 30 000 元，其中生产工人工资 22 000 元，行政管理人员工资 8 000 元。

(5) 15 日，从银行提取现金 30 000 元以备发放工资。

(6) 15 日，用库存现金 30 000 元发放职工工资。

(7) 26 日，销售产品，取得收入 28 000 元，款项存入银行。

(8) 31 日，计提固定资产折旧 4 500 元，其中生产车间固定资产折旧 4 000 元，行政管理部门 500 元。

(9) 31 日，结转本月完工产品生产成本 32 800 元。

(10) 31 日，结转已售产品的成本 18 000 元。

该工厂本月编制的记账凭证和总分类账如表 5.207～表 5.227 所示。

表 5.207 付款凭证

凭证字：银付

贷方科目：银行存款　　　　20＊4 年 10 月 5 日　　　　凭证号：1

摘要	借方总账科目	明细科目	借方金额										记账符号
			千	百	十	万	千	百	十	元	角	分	
提取现金	库存现金						1	0	0	0	0	0	
合计						¥	1	0	0	0	0	0	

附单据 1 张

会计主管：赵佑保　记账：孙龙琴　出纳：钱玉玲　审核：周淑娟　制单：李梅雪

表 5.208 付款凭证

凭证字：银付

贷方科目：银行存款　　　　20＊4 年 10 月 7 日　　　　凭证号：2

摘要	借方总账科目	明细科目	借方金额										记账符号
			千	百	十	万	千	百	十	元	角	分	
支付水电费	生产成本							4	0	0	0	0	
	管理费用							8	0	0	0	0	
合计						¥	1	2	0	0	0	0	

附单据 1 张

会计主管：赵佑保　记账：孙龙琴　出纳：钱玉玲　审核：周淑娟　制单：李梅雪

表 5.209 转账凭证

凭证字：转

20＊4 年 10 月 12 日　　凭证号：1

摘　　要	总账科目	明细科目	借方金额（千百十万千百十元角分）	贷方金额（千百十万千百十元角分）	记账符号
车间生产产品领用原材料	生产成本		1000000		
	原材料			1000000	
合　　计			¥1000000	¥1000000	

附单据 1 张

会计主管：赵佑保　记账：孙龙琴　审核：周淑娟　制单：李梅雪

表 5.210 转账凭证

凭证字：转

20＊4 年 10 月 12 日　　凭证号：2

摘　　要	总账科目	明细科目	借方金额（千百十万千百十元角分）	贷方金额（千百十万千百十元角分）	记账符号
结算上月职工工资	生产成本		2200000		
	管理费用		800000		
	应付职工薪酬			3000000	
合　　计			¥3000000	¥3000000	

附单据 1 张

会计主管：赵佑保　记账：孙龙琴　审核：周淑娟　制单：李梅雪

表 5.211 付款凭证

凭证字：银付

贷方科目：银行存款　　20＊4 年 10 月 15 日　　凭证号：3

摘　要	借方总账科目	明细科目	借方金额										记账符号
			千	百	十	万	千	百	十	元	角	分	
提取现金	库存现金					3	0	0	0	0	0	0	
合　计					¥	3	0	0	0	0	0	0	

附单据 1 张

会计主管：赵佑保　记账：孙龙琴　出纳：钱玉玲　审核：周淑娟　制单：李梅雪

表 5.212 付款凭证

凭证字：现付

贷方科目：库存现金　　20＊4 年 10 月 15 日　　凭证号：1

摘　要	借方总账科目	明细科目	借方金额										记账符号
			千	百	十	万	千	百	十	元	角	分	
发放工资	应付职工薪酬	工资				3	0	0	0	0	0	0	
合　计					¥	3	0	0	0	0	0	0	

附单据 1 张

会计主管：赵佑保　记账：孙龙琴　出纳：钱玉玲　审核：周淑娟　制单：李梅雪

表 5.213 收款凭证

凭证字：银收

借方科目：银行存款 20＊4 年 10 月 26 日 凭证号：1

摘要	贷方总账科目	明细科目	贷方金额										记账符号
			千	百	十	万	千	百	十	元	角	分	
销售产品	主营业务收入	甲产品				2	8	0	0	0	0	0	
合计					¥	2	8	0	0	0	0	0	

附单据 1 张

会计主管：赵佑保 记账：孙龙琴 出纳：钱玉玲 审核：周淑娟 制单：李梅雪

表 5.214 转账凭证

凭证字：转

20＊4 年 10 月 31 日 凭证号：3

摘要	总账科目	明细科目	借方金额										贷方金额										记账符号
			千	百	十	万	千	百	十	元	角	分	千	百	十	万	千	百	十	元	角	分	
计提固定资产折旧	制造费用						4	0	0	0	0	0											
	管理费用							5	0	0	0	0											
	累计折旧																4	5	0	0	0	0	
合计						¥	4	5	0	0	0	0				¥	4	5	0	0	0	0	

附单据 1 张

会计主管：赵佑保 记账：孙龙琴 审核：周淑娟 制单：李梅雪

表 5.215　转账凭证

凭证字：转

20＊4年10月31日　　凭证号：4

摘要	总账科目	明细科目	借方金额（千百十万千百十元角分）	贷方金额（千百十万千百十元角分）	记账符号
结转完工产品成本	库存商品		3200000		
	生产成本			3200000	
合计			¥3200000	¥3200000	

附单据 1 张

会计主管：赵佑保　记账：孙龙琴　审核：周淑娟　制单：李梅雪

表 5.216　转账凭证

凭证字：转

20＊4年10月31日　　凭证号：5

摘要	总账科目	明细科目	借方金额（千百十万千百十元角分）	贷方金额（千百十万千百十元角分）	记账符号
结转已售产品成本	主营业务成本		1800000		
	库存商品			1800000	
合计			¥1800000	¥1800000	

附单据 1 张

会计主管：赵佑保　记账：孙龙琴　审核：周淑娟　制单：李梅雪

表 5.217 库存现金总分类账

2009年		凭证字号	摘要	对方科目	借方										贷方										借或贷	余额									
月	日				千	百	十	万	千	百	十	元	角	分	千	百	十	万	千	百	十	元	角	分		千	百	十	万	千	百	十	元	角	分
10	1	略	期初余额																						借					4	0	0	0	0	0
10	5		提取现金						1	0	0	0	0	0											借					5	0	0	0	0	0
10	15		提取现金					3	0	0	0	0	0	0											借				3	5	0	0	0	0	0
10	15		发放工资															3	0	0	0	0	0	0	借					5	0	0	0	0	0

表 5.218 银行存款总分类账

2009年		凭证字号	摘要	对方科目	借方										贷方										借或贷	余额									
月	日				千	百	十	万	千	百	十	元	角	分	千	百	十	万	千	百	十	元	角	分		千	百	十	万	千	百	十	元	角	分
10	1	略	期初余额																						借				9	0	0	0	0	0	0
10	5		提取现金																1	0	0	0	0	0	借				8	9	0	0	0	0	0
10	7		支付水电费																1	2	0	0	0	0	借				8	7	8	0	0	0	0
10	15		提取现金															3	0	0	0	0	0	0	借				5	7	8	0	0	0	0
10	26		销售产品					2	8	0	0	0	0	0											借				8	5	8	0	0	0	0

表 5.219　生产成本总分类账

2009年		凭证字号	摘要	对方科目	借方										贷方										借或贷	余额									
月	日				千	百	十	万	千	百	十	元	角	分	千	百	十	万	千	百	十	元	角	分		千	百	十	万	千	百	十	元	角	分
10	7	略	支付水电费							4	0	0	0	0											借						4	0	0	0	0
10	12		生产领用原材料					1	0	0	0	0	0	0											借				1	0	4	0	0	0	0
10	13		结转生产工人工资					2	0	0	0	0	0	0											借				3	0	4	0	0	0	0
10	31		结转完工产品成本															3	2	0	0	0	0	0	贷					1	6	0	0	0	0

表 5.220　管理费用总分类账

2009年		凭证字号	摘要	对方科目	借方										贷方										借或贷	余额									
月	日				千	百	十	万	千	百	十	元	角	分	千	百	十	万	千	百	十	元	角	分		千	百	十	万	千	百	十	元	角	分
10	7	略	支付水电费							8	0	0	0	0											借						8	0	0	0	0
10	13		结算管理人员工资						8	0	0	0	0	0											借					8	8	0	0	0	0

表 5.221　原材料总分类账

2009年		凭证字号	摘要	对方科目	借方										贷方										借或贷	余额									
月	日				千	百	十	万	千	百	十	元	角	分	千	百	十	万	千	百	十	元	角	分		千	百	十	万	千	百	十	元	角	分
10	1	略	期初余额																						借				1	5	0	0	0	0	0
10	12		生产领用															1	0	0	0	0	0	0	借					5	0	0	0	0	0

表 5.222 应付职工薪酬总分类账

2009年		凭证字号	摘要	对方科目	借方										贷方										借或贷	余额									
月	日				千	百	十	万	千	百	十	元	角	分	千	百	十	万	千	百	十	元	角	分		千	百	十	万	千	百	十	元	角	分
10	12	略	结算上月工资															3	0	0	0	0	0	0	贷				3	0	0	0	0	0	0
10	15		支付职工工资					3	0	0	0	0	0	0											平							—	0	—	

表 5.223 主营业务收入总分类账

2009年		凭证字号	摘要	对方科目	借方										贷方										借或贷	余额									
月	日				千	百	十	万	千	百	十	元	角	分	千	百	十	万	千	百	十	元	角	分		千	百	十	万	千	百	十	元	角	分
10	26	略	销售产品															2	8	0	0	0	0	0	贷				2	8	0	0	0	0	0

表 5.224 制造费用总分类账

2009年		凭证字号	摘要	对方科目	借方										贷方										借或贷	余额									
月	日				千	百	十	万	千	百	十	元	角	分	千	百	十	万	千	百	十	元	角	分		千	百	十	万	千	百	十	元	角	分
10	31	略	计提固定资产折旧						4	0	0	0	0	0											借					4	0	0	0	0	0

表 5.225 累计折旧总分类账

2009年		凭证字号	摘要	对方科目	借方										贷方										借或贷	余额									
月	日				千	百	十	万	千	百	十	元	角	分	千	百	十	万	千	百	十	元	角	分		千	百	十	万	千	百	十	元	角	分
10	31	略	计提固定资产折旧																4	5	0	0	0	0	贷					4	5	0	0	0	0

表 5.226 库存商品总分类账

2009年		凭证字号	摘要	对方科目	借方										贷方										借或贷	余额									
月	日				千	百	十	万	千	百	十	元	角	分	千	百	十	万	千	百	十	元	角	分		千	百	十	万	千	百	十	元	角	分
10	31	略	结转完工产品成本					3	2	0	0	0	0	0											借				3	2	0	0	0	0	0
10	31		结转已售产品成本															1	8	0	0	0	0	0	借				1	4	0	0	0	0	0

表 5.227 主营业务成本总分类账

2009年		凭证字号	摘要	对方科目	借方										贷方										借或贷	余额									
月	日				千	百	十	万	千	百	十	元	角	分	千	百	十	万	千	百	十	元	角	分		千	百	十	万	千	百	十	元	角	分
10	31	略	结转已售产品成本					1	8	0	0	0	0	0											借				1	8	0	0	0	0	0

实训要求

根据上述记账凭证与会计账簿等资料进行错账更正。

任务五　对账与结账训练

实训目的

(1) 了解对账的内容及方法；

(2) 熟悉结账的内容，掌握结账的基本工作及操作方法。

实训时间

完成本次实训需 2 学时。

实训用品

日记账账页、总账账页、明细账账页、计算器、尺子、钢笔等。

实训资料

根据任务四库存现金期初余额及 10 月份发生额和下列 11 月份、12 月份发生的经济业务练习库存现金总账的月结、季结与年结处理。11、12 月份库存现金账户发生了下列经济业务：

表 5.228　付款凭证

凭证字：银付

贷方科目：银行存款　　　　20＊4 年 11 月 2 日　　　　凭证号：1

摘　要	借方总账科目	明细科目	借方金额										记账符号
			千	百	十	万	千	百	十	元	角	分	
提取现金	库存现金						2	0	0	0	0	0	
合　计						¥	2	0	0	0	0	0	

附单据 1 张

会计主管：　　记账：　　出纳：钱玉玲　　审核：周淑娟　　制单：李梅雪

表 5.229 付款凭证

凭证字：现付

贷方科目：库存现金　　20＊4 年 11 月 8 日　　凭证号：1

摘　要	借方总账科目	明细科目	借方金额										记账符号
			千	百	十	万	千	百	十	元	角	分	
职工李华借差旅费	其他应收款	李华					1	2	0	0	0	0	
合　计						¥	1	2	0	0	0	0	

附单据 1 张

会计主管：　　记账：　　出纳：钱玉玲　　审核：周淑娟　　制单：李梅雪

表 5.230 付款凭证

凭证字：银付

贷方科目：银行存款　　20＊4 年 11 月 15 日　　凭证号：2

摘　要	借方总账科目	明细科目	借方金额										记账符号
			千	百	十	万	千	百	十	元	角	分	
提取现金	库存现金					3	0	0	0	0	0	0	
合　计					¥	3	0	0	0	0	0	0	

附单据 1 张

会计主管：　　记账：　　出纳：钱玉玲　　审核：周淑娟　　制单：李梅雪

表 5.231　付款凭证

凭证字：现付

贷方科目：库存现金　　　　20＊4 年 11 月 15 日　　　　凭证号：2

摘　要	借方总账科目	明细科目	借方金额										记账符号
			千	百	十	万	千	百	十	元	角	分	
发放工资	应付职工薪酬					3	0	0	0	0	0	0	
合　计					¥	3	0	0	0	0	0	0	

附单据 1 张

会计主管：　　记账：　　出纳：钱玉玲　　审核：周淑娟　　制单：李梅雪

表 5.232　付款凭证

凭证字：现付

贷方科目：库存现金　　　　20＊4 年 11 月 28 日　　　　凭证号：3

摘　要	借方总账科目	明细科目	借方金额										记账符号
			千	百	十	万	千	百	十	元	角	分	
购办公用品	管理费用							3	5	0	0	0	
合　计							¥	3	5	0	0	0	

附单据 1 张

会计主管：　　记账：　　出纳：钱玉玲　　审核：周淑娟　　制单：李梅雪

表 5.233 付款凭证

凭证字：银付

贷方科目:银行存款　　20＊4 年 12 月 1 日　　凭证号：1

摘　要	借方总账科目	明细科目	借方金额										记账符号	
			千	百	十	万	千	百	十	元	角	分		
提取现金	库存现金						5	0	0	0	0	0		
合　计						¥	5	0	0	0	0	0		

附单据 1 张

会计主管：　记账：　出纳：钱玉玲　审核：周淑娟　制单：李梅雪

表 5.234 付款凭证

凭证字：现付

贷方科目:库存现金　　20＊4 年 12 月 8 日　　凭证号：1

摘　要	借方总账科目	明细科目	借方金额										记账符号	
			千	百	十	万	千	百	十	元	角	分		
支付业务招待费	管理费用						2	5	0	0	0	0		
合　计						¥	2	5	0	0	0	0		

附单据 1 张

会计主管：　记账：　出纳：钱玉玲　审核：周淑娟　制单：李梅雪

表 5.235 付款凭证

凭证字：现付

贷方科目：库存现金　　　　20＊4 年 12 月 12 日　　　　凭证号：2

摘　要	借方总账科目	明细科目	借方金额										记账符号
			千	百	十	万	千	百	十	元	角	分	
支付工会经费	管理费用						2	0	0	0	0	0	
合　计						¥	2	0	0	0	0	0	

附单据 1 张

会计主管：　　记账：　　出纳：钱玉玲　　审核：周淑娟　　制单：李梅雪

表 5.236 付款凭证

凭证字：银付

贷方科目：银行存款　　　　20＊4 年 12 月 15 日　　　　凭证号：2

摘　要	借方总账科目	明细科目	借方金额										记账符号
			千	百	十	万	千	百	十	元	角	分	
提取现金	库存现金					3	0	0	0	0	0	0	
合　计					¥	3	0	0	0	0	0	0	

附单据 1 张

会计主管：　　记账：　　出纳：钱玉玲　　审核：周淑娟　　制单：李梅雪

表 5.237 付款凭证

凭证字：现付

贷方科目：库存现金　　　　20＊4 年 12 月 15 日　　　　凭证号：3

摘　要	借方总账科目	明细科目	借方金额										记账符号
			千	百	十	万	千	百	十	元	角	分	
发放工资	应付职工薪酬					3	0	0	0	0	0	0	
合　计					¥	3	0	0	0	0	0	0	

附单据 1 张

会计主管：　　记账：　　出纳：钱玉玲　　审核：周淑娟　　制单：李梅雪

表 5.238 收款凭证

凭证字：现收

借方科目：库存现金　　　　20＊4 年 12 月 22 日　　　　凭证号：1

摘　要	贷方总账科目	明细科目	贷方金额										记账符号
			千	百	十	万	千	百	十	元	角	分	
李华报销差旅费交余款	其他应收款	李华						2	0	0	0	0	
合　计							¥	2	0	0	0	0	

附单据 1 张

会计主管：　　记账：　　出纳：钱玉玲　　审核：周淑娟　　制单：李梅雪

表 5.239　付款凭证

凭证字：现付

贷方科目:库存现金　　　　20＊4 年 12 月 30 日　　　　凭证号：4

摘　要	借方总账科目	明细科目	借方金额										记账符号
			千	百	十	万	千	百	十	元	角	分	
购办公用品	管理费用							1	1	0	0	0	
合　计							¥	1	1	0	0	0	

附单据 1 张

会计主管：　　记账：　　出纳：钱玉玲　　审核：周淑娟　　制单：李梅雪

实训要求

登记 10 月、11 月、12 月的库存现金总账并进行月结、季结、年结处理。

表 5.240　库存现金总分类账

年		凭证编号	摘　要	对方科目	借　方										贷　方										借或贷	余　额									
月	日				千	百	十	万	千	百	十	元	角	分	千	百	十	万	千	百	十	元	角	分		千	百	十	万	千	百	十	元	角	分

续表

年		凭证编号	摘要	对方科目	借方										贷方										借或贷	余额									
月	日				千	百	十	万	千	百	十	元	角	分	千	百	十	万	千	百	十	元	角	分		千	百	十	万	千	百	十	元	角	分

项目六　各类账表的编制

实训目标

(1) 能熟练地编制“总分类账户发生额及余额试算平衡表”；
(2) 能熟练掌握科目汇总表的编制；
(3) 能正确地核对未达账项，并编制“银行存款余额调节表”。

任务一　试算平衡表编制训练

实训目的

能熟练地编制“总分类账户发生额及余额试算平衡表”。

实训用品

(1) T 型账户若干；
(2) 总分类账户发生额及余额试算平衡表 1 张。

实训时间

完成本次实训需 2 学时。

实训资料

(1) 光华公司 20＊4 年 4 月 1 日的总账账户余额如表 6.1 所示。

表 6.1

单位:元

账户名称	借方余额	贷方余额
库存现金	4 500	
银行存款	252 000	
应收账款	68 000	
原材料	45 000	
库存商品	60 000	
固定资产	700 000	
短期借款		200 000
其他应付款		7 500
累计折旧		70 000
应交税费		17 000
实收资本		730 000
盈余公积		70 000
利润分配		35 000
合 计	1 129 500	1 129 000

(2) 光华公司 4 月份发生如表 6.2 所示的经济业务(用会计分录表示)。

表 6.2

单位:元

序号	日期	摘 要	总账科目	借方金额	贷方金额
1	4.1	提现	库存现金	2 500	
			银行存款		2 500
2	4.3	办公室购买办公用品	管理费用	258	
			库存现金		258
3	4.3	采购员李民预借差旅费	其他应收款	2 000	
			库存现金		2 000
4	4.6	从国风公司购进甲材料 12 000 千克(5 元/千克),验收入库,转账支票支付	原材料	60 000	
			应交税费	10 200	
			银行存款		70 200
5	4.6	提现	库存现金	45 600	
			银行存款		45 600
6	4.6	发放本月职工工资	应付职工薪酬	45 600	
			库存现金		45 600

续表

序号	日期	摘　要	总账科目	借方金额	贷方金额
7	4.6	销售给宝山集团A产品40台(2 000元/台),货款及增值税已办妥托收手续	应收账款	93 600	
			主营业务收入		80 000
			应交税费		13 600
8	4.7	收到四通公司投入企业资本金	银行存款	80 000	
			实收资本		80 000
9	4.8	李民报销差旅费	管理费用	1 730	
			库存现金	270	
			其他应收款		2 000
10	4.10	从汇丰厂购入乙材料20 000千克(3.5元/千克),款项已汇出,材料验收入库	原材料	70 000	
			应交税费	11 900	
			银行存款		81 900
11	4.11	收到东风公司偿还前欠货款	银行存款	58 000	
			应收账款		58 000
12	4.15	向工商银行借入期限为6个月的借款	银行存款	100 000	
			短期借款		100 000
13	4.18	购设备一台,价款及增值税支票支付	固定资产	35 100	
			银行存款		35 100
14	4.18	转账支票支付销售A产品广告费	销售费用	2 680	
			银行存款		2 680
15	4.22	生产A产品领用甲7 000千克、乙5 000千克,生产车间一般耗用领用甲500千克,行政部门领用乙400千克。甲5元/千克,乙3.5元/千克	生产成本	52 500	
			制造费用	2 500	
			管理费用	1 400	
			原材料		56 400
16	4.26	收到宝山集团偿还前欠货款	银行存款	93 600	
			应收账款		93 600
17	4.30	分配结转本月职工工资	生产成本	24 000	
			制造费用	9 600	
			管理费用	6 400	
			应付职工薪酬		40 000

续表

序号	日期	摘 要	总账科目	借方金额	贷方金额
18	4.30	按工资总额14%计提福利费	生产成本	3 360	
			制造费用	1 344	
			管理费用	896	
			应付职工薪酬		5 600
19	4.30	计提本月固定资产折旧费	制造费用	3 000	
			管理费用	2 000	
			累计折旧		5 000
20	4.30	预提本月应负担的短期借款利息	财务费用	1 000	
			应付利息		1 000
21	4.30	结转本月销售成本A产品40台(1 000元/台)	主营业务成本	40 000	
			库存商品		40 000
22	4.30	交纳本月增值税	应交税费	8 500	
			银行存款		8 500

实训要求

(1) 根据资料在T型账户中登记月初余额、本期发生额和期末余额;

(2) 编制总分类账户本期发生额及余额试算平衡表(表6.3)。

库存现金

银行存款

应收账款

原材料

库存商品

固定资产

短期借款

其他应付款

累计折旧

应交税费

实收资本

盈余公积

利润分配

财务费用

管理费用

其他应收款

生产成本

销售费用

应付利息

应付职工薪酬

制造费用

主营业务成本

主营业务收入

表 6.3 总分类账户发生额及余额试算平衡表

20＊4 年 4 月 30 日 单位:元

账户名称	期初余额		本期发生额		期末余额	
	借方	贷方	借方	贷方	借方	贷方
合　计						

任务二 科目汇总表编制训练

实训目的

能熟练地编制科目汇总表。

实训用品

科目汇总表 1 张。

实训时间

完成本次实训需 2 学时。

实训资料

光华公司 4 月份发生如表 6.4 所示的经济业务(用会计分录表示)。

表 6.4

单位:元

序号	日期	摘要	总账科目	借方金额	贷方金额
1	4.1	提现	库存现金	2 500	
			银行存款		2 500
2	4.3	办公室购买办公用品	管理费用	258	
			库存现金		258
3	4.3	采购员李民预借差旅费	其他应收款	2 000	
			库存现金		2 000
4	4.6	从国风公司购进甲材料 12 000 千克(5 元/千克),验收入库,转账支票支付	原材料	60 000	
			应交税费	10 200	
			银行存款		70 200
5	4.6	提现	库存现金	45 600	
			银行存款		45 600
6	4.6	发放本月职工工资	应付职工薪酬	45 600	
			库存现金		45 600

续表

序号	日期	摘　要	总账科目	借方金额	贷方金额
7	4.6	销售给宝山集团A产品40台(2 000元/台),货款及增值税已办妥托收手续	应收账款	93 600	
			主营业务收入		80 000
			应交税费		13 600
8	4.7	收到四通公司投入企业资本金	银行存款	80 000	
			实收资本		80 000
9	4.8	李民报销差旅费	管理费用	1 730	
			库存现金	270	
			其他应收款		2 000
10	4.10	从汇丰厂购入乙材料20 000千克(3.5元/千克),款项已汇出,材料验收入库	原材料	70 000	
			应交税费	11 900	
			银行存款		81 900
11	4.11	收到东风公司偿还前欠货款	银行存款	58 000	
			应收账款		58 000
12	4.15	向工商银行借入期限为6个月的借款	银行存款	100 000	
			短期借款		100 000
13	4.18	购设备一台,价款及增值税支票支付	固定资产	35 100	
			银行存款		35 100
14	4.18	转账支票支付销售A产品广告费	销售费用	2 680	
			银行存款		2 680
15	4.22	生产A产品领用甲7 000千克、乙5 000千克,生产车间一般耗用领用甲500千克,行政部门领用乙400千克。甲5元/千克,乙3.5元/千克	生产成本	52 500	
			制造费用	2 500	
			管理费用	1 400	
			原材料		56 400
16	4.26	收到宝山集团偿还前欠货款	银行存款	93 600	
			应收账款		93 600
17	4.30	分配结转本月职工工资	生产成本	24 000	
			制造费用	9 600	
			管理费用	6 400	
			应付职工薪酬		40 000

续表

序号	日期	摘　要	总账科目	借方金额	贷方金额
18	4.30	按工资总额14%计提福利费	生产成本	3 360	
			制造费用	1 344	
			管理费用	896	
			应付职工薪酬		5 600
19	4.30	计提本月固定资产折旧费	制造费用	3 000	
			管理费用	2 000	
			累计折旧		5 000
20	4.30	预提本月应负担的短期借款利息	财务费用	1 000	
			应付利息		1 000
21	4.30	结转本月销售成本A产品40台(1 000元/台)	主营业务成本	40 000	
			库存商品		40 000
22	4.30	交纳本月增值税	应交税费	8 500	
			银行存款		8 500

实训要求

编制科目汇总表6.5(每月汇总一次)。

表6.5　科目汇总表

20＊4年4月1日至4月30日　　单位:元

科汇字第　　号

会计科目	总账页数	本期发生额	
		借方	贷方

续表

会计科目	总账页数	本期发生额	
		借方	贷方
合　计			

任务三　账户发生额与余额对照表编制训练

实训目的

掌握总分类账户与明细分类账户发生额及余额对照表的基本内容和编制方法。

实训用品

(1) 总分类账和明细分类账若干；

(2) 总分类账户与明细分类账户发生额及余额对照表 2 张。

实训时间

完成本次实训需 2 学时。

实训资料

(1) 前进厂 20＊4 年 6 月份总分类账和明细分类账有关账户的月初余额如下：

“原材料”总分类账户为借方余额 70 000 元，其所属明细分类账的月初余额如表 6.6 所示。

表 6.6

名　称	数量(吨)	单价(元/吨)	金额(元)
甲材料	80	500	40 000
乙材料	150	200	30 000
合　计			70 000

“应付账款” 总分类账户为贷方余额 50 000 元，其所属明细分类账的月初余额如表 6.7 所示。

表 6.7

明细账名称	金额(元)
向阳工厂	30 000
新乡工厂	20 000
合　计	50 000

(2) 假设 6 月份发生以下材料收发业务及与供应单位的结算业务(不通过“材料采购”账户核算)：

① 8 日，从向阳工厂购进甲材料 100 吨，单价 500 元/吨，计 50 000 元，材料已验收入库，货款未付。

② 10 日，从新乡工厂购进乙材料 120 吨，单价 200 元/吨，计 24 000 元，材料已验收入库，货款未付。

③ 16 日，仓库发出甲材料 150 吨，单价 500 元/吨，计 75 000 元；发出乙材料 200 吨，单价 200 元/吨，计 40 000 元。上述材料直接用于制造产品。

④ 25 日，通过银行结算偿还向阳工厂货款 60 000 元、新乡工厂货款 34 000 元，共计 94 000元。

实训要求

(1) 根据资料开设“原材料”“应付账款”总分类账户与明细分类账户，登记月初余额；

(2) 根据资料所列经济业务编制会计分录,并据以登记“原材料”和“应付账款”总分类账户与明细分类账户(其他账户从略);

(3) 计算“原材料”和“应付账款”总分类账户与明细分类账户的本期发生额及月末余额,并编制总分类账户与明细分类账户发生额及余额对照表。

表 6.8 总分类账户

账户名称:原材料

20＊4 年		凭证编号	摘要	借方	贷方	借或贷	余额
月	日						
			本月合计				

表 6.9 总分类账户

账户名称:应付账款

20＊4 年		凭证编号	摘要	借方	贷方	借或贷	余额
月	日						
			本月合计				

表 6.10 明细分类账户

账户名称:应付账款——向阳工厂

20＊4 年		凭证编号	摘要	借方	贷方	借或贷	余额
月	日						
			本月合计				

表 6.11 明细分类账户

账户名称:应付账款——新乡工厂

20*4年		凭证编号	摘要	借方	贷方	借或贷	余额
月	日						
			本月合计				

表 6.12 明细分类账户

账户名称:原材料——甲材料

20*4年		凭证编号	摘要	收入			发出			结存		
月	日			数量	单价	金额	数量	单价	金额	数量	单价	金额
			本月合计									

表 6.13 明细分类账户

账户名称:原材料——乙材料

20*4年		凭证编号	摘要	收入			发出			结存		
月	日			数量	单价	金额	数量	单价	金额	数量	单价	金额
			本月合计									

表 6.14 总分类账户与明细分类账户发生额及余额对照表 1

账户名称	月初余额		本月发生额		月末余额	
	借方	贷方	借方	贷方	借方	贷方

表 6.15 总分类账户与明细分类账户发生额及余额对照表 2

账户名称	月初余额		本月发生额		月末余额	
	借方	贷方	借方	贷方	借方	贷方

任务四 银行存款余额调节表编制训练

实训目的

能正确地核对未达账项，并编制“银行存款余额调节表”。

实训用品

银行存款余额调节表 1 张。

实训时间

完成本次实训需 1 学时。

实训资料

海通公司 20＊4 年 4 月 28 日～30 日银行存款日记账及银行对账单如表 6.16 和表6.17 所示（假定以前的记录是相符的）。

表 6.16 银行存款日记账

种类：结算户存款　　　　账号：1301304000418　　第××页

20＊4 年		凭证号码	对方科目	摘要	√	借方	贷方	余额
月	日							
				承前页				781 900
4	28	付 107	管理费用	开出转账支票 6025 支付水电费			1 868	780 032
	28	收 76	应收票据	收到委托银行代收前进工厂货款(236)		150 000		930 032
	29	付 108	销售费用	开出转账支票 6026 支付广告费			1 480	928 552
	30	收 77	主营业务收入	销售产品收到的转账支票一张(237)		65 800		994 352
	30	付 109	原材料	开出转账支票 6027 支付材料款			37 000	957 352
4	30			本月合计		略	略	957 352

表 6.17 银行对账单

户名：海通公司　　　　账号：1301304000418

20＊4 年		摘要	凭证号	借方	贷方	余额
月	日					
4	28	承前页				781 900
	28	转贷	0236		150 000	931 900
	29	转借	0036	36 000		895 900
	30	转贷	0667		48 000	943 900
	30	转借	6025	1 868		942 032
	30	转借	6026	1 480		940 552

实训要求

查明未达账项后编制“银行存款余额调节表”(表 6.18)。

表 6.18 银行存款余额调节表

年 月 日 单位:元

项 目	金 额	项 目	金 额
企业银行存款日记账余额		银行对账单余额	
加:银行已记收, 企业尚未记收		加:企业已记收, 银行尚未记收	
减:银行已记付, 企业尚未记付		减:企业已记付, 银行尚未记付	
调节后的存款余额		调节后的存款余额	

项目七　会计报表编制

实训目标

（1）能根据企业账簿资料编制资产负债表和利润表；

（2）能利用资产负债表、利润表数据之间的勾稽关系进行核对。

任务一　资产负债表编制训练

实训目的

（1）熟悉资产负债表的结构和内容；

（2）掌握资产负债表的编制方法。

实训时间

完成本次实训需要 2 学时。

实训资料

大华公司 20＊4 年 12 月 31 日各有关账户资料如表 7.1 所示。

表 7.1　库存现金总账

单位：元

20＊4 年		记账凭证编号	摘要	借方	贷方	借或贷	余额
月	日						
12	1		月初余额			借	5 000
12	9	付 4	购入车间劳保用品		800	借	4 200
12	11	付 6	支付销售 A 产品运杂费		400	借	3 800
12	15	付 8	提现	60 000		借	63 800

续表

20*4年		记账凭证编号	摘要	借方	贷方	借或贷	余额
月	日						
12	15	付9	发放工资		60 000	借	3 800
12	18	付10	购买办公用品		160	借	3 640
12	23	付11	王萍预借差旅费		1 000	借	2 640
12	26	收5	退回预借差旅费	140		借	2 780
12	31		本月合计	60 140	62 360		2 780

表7.2 银行存款总账

单位:元

20*4年		记账凭证编号	摘要	借方	贷方	借或贷	余额
月	日						
12	1		月初余额			借	2 390 000
12	2	收1	收到红光公司前欠货款	100 000		借	2 490 000
12	4	付1	购入甲材料		23 400	借	2 466 600
12	5	付2	缴纳税金		98 700	借	2 367 900
12	9	付3	支付欠明光公司货款		80 000	借	2 287 900
12	10	收2	销售A产品	94 302		借	2 382 202
12	10	付5	支付广告费		20 000	借	2 362 202
12	13	付7	购入一辆汽车		120 000	借	2 242 202
12	15	付8	提现		60 000	借	2 182 202
12	19	收3	销售A产品	87 048		借	2 269 250
12	24	收4	销售乙材料	17 550		借	2 286 800
12	25	付12	支付税收滞纳金		3 000	借	2 283 800
12	31	收6	收到罚金	4 000		借	2 287 800
12	31			302 900	405 100		2 287 800

表7.3 应收票据总账

单位:元

20*4年		记账凭证编号	摘要	借方	贷方	借或贷	余额
月	日						
12	1		月初余额			借	76 400

表 7.4 应收账款总账

单位:元

20＊4年		记账凭证编号	摘要	借方	贷方	借或贷	余额
月	日						
12	1		月初余额			借	135 000
12	2	收1	收到红光公司前欠货款		100 000	借	35 000
12	12	转1	向茂源公司销售B产品	76 050		借	111 050
12	31		本月合计	76 050	100 000	借	11 050

表 7.5 其他应收款总账

单位:元

20＊4年		记账凭证编号	摘要	借方	贷方	借或贷	余额
月	日						
12	23	付11	王萍预借差旅费	1 000		借	1 000
12	26	收5	报销差旅费		860	借	140
12	26	转2	退回预借差旅费		140	平	0
12	31		本月合计	1 000	1 000	平	0

表 7.6 在途物资总账

单位:元

20＊4年		记账凭证编号	摘要	借方	贷方	借或贷	余额
月	日						
12	28	转3	购入乙材料	30 000		借	30 000
12	31		本月合计	30 000		借	30 000

表 7.7 原材料总账

单位:元

20＊4年		记账凭证编号	摘要	借方	贷方	借或贷	余额
月	日						
12	1		月初余额			借	170 000
12	4	付1	购入甲材料	20 000		借	190 000
12	31	转6	结转本月发出材料成本		125 000	借	65 000
12	31		本月合计	20 000	125 000	借	65 000

表 7.8 生产成本总账

单位:元

20*4年		记账凭证编号	摘要	借方	贷方	借或贷	余额
月	日						
12	31	转 4	结算本月工资	50 000		借	50 000
12	31	转 5	计提职工福利费	7 000		借	57 000
12	31	转 6	结转本月发出材料成本	104 000		借	161 000
12	31	转 7	计算本月水电费	38 000		借	199 000
12	31	转 9	结转制造费用	22 940		借	221 940
12	31	转 10	结转本月完工产品		182 720	借	39 220
12	31		本月合计	221 940	182 720	借	39 220

表 7.9 制造费用总账

单位:元

20*4年		记账凭证编号	摘要	借方	贷方	借或贷	余额
月	日						
12	9	付 4	购入车间劳保用品	800		借	800
12	31	转 4	结算本月工资	5 000			
12	31	转 5	计提职工福利费	700			
12	31	转 6	结转本月发出材料成本	12 000			
12	31	转 7	计算本月水电费	2 560			
12	31	转 8	计提本月折旧	1 880			
12	31	转 9	结转制造费用		22 940	平	0
12	31		本月合计	22 940	22 940	平	0

表 7.10 库存商品总账

单位:元

20*4年		记账凭证编号	摘要	借方	贷方	借或贷	余额
月	日						
12	1		月初余额			借	242 852
12	31	转 10	结转本月完工产品	182 720		借	425 572
12	31	转 11	结转销售成本		112 807.50	借	312 764.50
12	31		本月合计	182 720	112 807.50	借	312 764.50

表 7.11 固定资产总账

单位:元

20＊4年		记账凭证编号	摘要	借方	贷方	借或贷	余额
月	日						
12	1		月初余额			借	3 263 000
12	13	付 7	购入一辆汽车	120 000		借	3 383 000
12	31		本月合计	120 000		借	3 383 000

表 7.12 累计折旧总账

单位:元

20＊4年		记账凭证编号	摘要	借方	贷方	借或贷	余额
月	日						
12	1		月初余额			贷	900 000
12	31	转 8	计提本月折旧		3 080	贷	903 080
12	31		本月合计		3 080	贷	903 080

表 7.13 无形资产总账

单位:元

20＊4年		记账凭证编号	摘要	借方	贷方	借或贷	余额
月	日						
12	1		月初余额			借	610 000

表 7.14 累计摊销总账

单位:元

20＊4年		记账凭证编号	摘要	借方	贷方	借或贷	余额
月	日						
12	1		月初余额			贷	200 500

表 7.15 应付票据总账

单位:元

20＊4年		记账凭证编号	摘要	借方	贷方	借或贷	余额
月	日						
12	1		月初余额			贷	200 000

表 7.16 应付账款总账

单位:元

20＊4年 月	日	记账凭证编号	摘要	借方	贷方	借或贷	余额
12	1		月初余额			贷	60 000
12	9	付 3	支付欠明光公司货款	80 000		借	20 000
12	28	转 3	向明光公司购入乙材料		35 100	贷	15 100
12	31		本月合计	80 000	35 100	贷	15 100

表 7.17 应付职工薪酬总账

单位:元

20＊4年 月	日	记账凭证编号	摘要	借方	贷方	借或贷	余额
12	1		月初余额			贷	160 000
12	9	付 9	发放工资	60 000		贷	100 000
12	31	转 4	结算本月工资		60 000	贷	160 000
12	31	转 5	计提职工福利费		8 400	贷	168 400
12	31		本月合计	60 000	68 400	贷	168 400

表 7.18 应交税费总账

单位:元

20＊4年 月	日	记账凭证编号	摘要	借方	贷方	借或贷	余额
12	1		月初余额			贷	98 700
12	4	付 1	购入甲材料	3 400		贷	95 300
12	5	付 2	缴纳税金	98 700		借	3 400
12	10	收 2	销售 A 产品		13 702	贷	10 302
12	12	转 1	销售 B 产品		11 050	贷	21 352
12	19	收 3	销售 A 产品		12 648	贷	34 000
12	24	收 4	销售乙材料		2 550	贷	36 550
12	28	转 3	购入乙材料	5 100		贷	31 450
12	31	转 7	计算本月水电费	7 235.20		贷	24 214.80
12	31	转 15	计算本月应交所得税		20 468.13	贷	44 682.93
12	31		本月合计	114 435.20	60 418.13	贷	44 682.93

表 7.19 应付利息总账

单位:元

20＊4年		记账凭证编号	摘要	借方	贷方	借或贷	余额
月	日						
12	31	转 12	计提本月借款利息		2 000	贷	2 000
12	31		本月合计		2 000	贷	2 000

表 7.20 应付利润总账

单位:元

20＊4年		记账凭证编号	摘要	借方	贷方	借或贷	余额
月	日						
12	31	转 19	向投资者分配利润		20 000	贷	20 000
12	31		本月合计		20 000	贷	20 000

表 7.21 其他应付款总账

单位:元

20＊4年		记账凭证编号	摘要	借方	贷方	借或贷	余额
月	日						
12	31	转 7	本月应付水电费		49 795.20	贷	49 795.20
12	31		本月合计		49 795.20	贷	49 795.20

表 7.22 长期借款总账

单位:元

20＊4年		记账凭证编号	摘要	借方	贷方	借或贷	余额
月	日						
12	1		月初余额			贷	500 000
12	31		本月合计			贷	500 000

表 7.23 实收资本总账

单位:元

20＊4年		记账凭证编号	摘要	借方	贷方	借或贷	余额
月	日						
12	1		月初余额			贷	2 100 000

表 7.24 资本公积总账

单位:元

20*4年		记账凭证编号	摘要	借方	贷方	借或贷	余额
月	日						
12	1		月初余额			贷	500 000

表 7.25 盈余公积总账

单位:元

20*4年		记账凭证编号	摘要	借方	贷方	借或贷	余额
月	日						
12	1		月初余额			贷	390 000
12	31	转 18	提取法定盈余公积		135 595.64	贷	525 595.64
12	31		本月合计		135 595.64	贷	525 595.64

表 7.26 本年利润总账

单位:元

20*4年		记账凭证编号	摘要	借方	贷方	借或贷	余额
月	日						
12	1		月初余额			贷	1 294 552
12	31	转 13	转入收入		239 000	贷	1 533 552
12	31	转 14	转入成本费用	157 127.50		贷	1 376 424.50
12	31	转 16	转入所得税	20 468.13		贷	1 355 956.37
12	31	转 17	转销	1 355 956.37		平	0
12	31		本月合计	1 533 552	239 000	平	0

表 7.27 利润分配总账

单位:元

20*4年		记账凭证编号	摘要	借方	贷方	借或贷	余额
月	日						
12	1		月初余额			贷	488 500
12	31	转 17	转入净利润		1 355 956.37	贷	1 844 456.37
12	31	转 18	提取法定盈余公积	135 595.64		贷	1 708 860.73
12	31	转 19	向投资者分配利润	20 000		贷	1 688 860.73
12	31	转 20	结转	155 595.64	155 595.64	贷	1 688 860.73
12	31		本月合计	311 191.28	1 511 552.01	贷	1 688 860.73

表 7.28 主营业务收入总账

单位:元

20＊4年		记账凭证编号	摘要	借方	贷方	借或贷	余额
月	日						
12	10	收2	销售A产品		80 600	贷	80 600
12	12	转1	销售B产品		65 000	贷	145 600
12	19	收3	销售A产品		74 400	贷	220 000
12	31	转13	转销	220 000		平	0
12	31		本月合计	220 000	220 000	平	0

表 7.29 主营业务成本总账

单位:元

20＊4年		记账凭证编号	摘要	借方	贷方	借或贷	余额
月	日						
12	31	转11	结转销售成本	112 807.50		借	112 807.50
12	31	转14	转销		112 807.50	平	0
12	31		本月合计	112 807.50	112 807.50	平	0

表 7.30 其他业务收入总账

单位:元

20＊4年		记账凭证编号	摘要	借方	贷方	借或贷	余额
月	日						
12	24	收4	销售乙材料		15 000	贷	15 000
12	31	转13	转销	15 000		平	0
12	31		本月合计	15 000	15 000	平	0

表 7.31 其他业务成本总账

单位:元

20＊4年		记账凭证编号	摘要	借方	贷方	借或贷	余额
月	日						
12	31	转6	结转本月发出材料成本	9 000		借	9 000
12	31	转14	转销		9 000	平	0
12	31		本月合计	9 000	9 000	平	0

表 7.32 销售费用总账

单位:元

20＊4年		记账凭证编号	摘要	借方	贷方	借或贷	余额
月	日						
12	10	付5	支付广告费	20 000		借	20 000
12	11	付6	支付销售A产品运杂费	400		借	20 400
12	31	转14	转销		20 400	平	0
12	31		本月合计	20 400	20 400	平	0

表 7.33 管理费用总账

单位:元

20＊4年		记账凭证编号	摘要	借方	贷方	借或贷	余额
月	日						
12	18	付10	购买办公用品	160		借	160
12	26	转2	报销差旅费	860		借	1 020
12	31	转4	结算本月工资	5 000		借	6 020
12	31	转5	计提职工福利费	700		借	6 720
12	31	转7	计算本月水电费	2 000		借	8 720
12	31	转8	计提本月折旧	1 200		借	9 920
12	31	转14	转销		9 920	平	0
12	31		本月合计	9 920	9 920	平	0

表 7.34 财务费用总账

单位:元

20＊4年		记账凭证编号	摘要	借方	贷方	借或贷	余额
月	日						
12	31	转12	计提本月借款利息	2 000		借	2 000
12	31	转14	转销		2 000	平	0
12	31		本月合计	2 000	2 000	平	0

表 7.35 所得税费用总账

单位:元

20＊4年		记账凭证编号	摘要	借方	贷方	借或贷	余额
月	日						
12	31	转15	计算本月应交所得税	20 468.13		借	20 468.13
12	31	转16	转销		20 468.13	平	0
12	31		本月合计	20 468.13	20 468.13	平	0

表 7.36 营业外收入总账

单位:元

20＊4 年		记账凭证编号	摘要	借方	贷方	借或贷	余额
月	日						
12	31	收 6	收到罚金		4 000	贷	4 000
12	31	转 13	转销	4 000		平	0
12	31		本月合计	4 000	4 000	平	0

表 7.37 营业外支出总账

单位:元

20＊4 年		记账凭证编号	摘要	借方	贷方	借或贷	余额
月	日						
12	25	付 13	支付税收滞纳金	3 000		借	3 000
12	31	转 14	转销		3 000	平	0
12	31		本月合计	3 000	3 000	平	0

表 7.38 应收账款明细账

二级科目名称:红达公司

单位:元

20＊4 年		记账凭证编号	摘要	借方	贷方	借或贷	余额
月	日						
12	1		月初余额			借	190 000
12	2	收 1	收到前欠货款		100 000	借	90 000
12	31		本月合计		100 000	借	90 000

表 7.39 应收账款明细账

二级科目名称:昌盛公司

单位:元

20＊4 年		记账凭证编号	摘要	借方	贷方	借或贷	余额
月	日						
12	1		月初余额			贷	55 000
12	31		本月合计			贷	55 000

表 7.40 应收账款明细账

二级科目名称:茂源公司　　单位:元

20＊4年		记账凭证编号	摘要	借方	贷方	借或贷	余额
月	日						
12	12	转 1	销售 B 产品	76 050		借	76 050
12	31		本月合计	76 050		借	76 050

表 7.41 在途物资明细账

品名:乙材料　　计量单位:千克　　规格:______　　金额单位:元

20＊4年		记账凭证编号	摘要	借方金额			贷方金额	结余余额
月	日			买价	采购费用	合计		
12	28	转 3	购入	30 000		30 000		30 000
12	31		本月合计	30 000		30 000		30 000

表 7.42 原材料明细账

类别:原料及主要材料

品名:甲材料　　计量单位:吨　　规格:______　　金额单位:元

20＊4年		记账凭证编号	摘要	入库			出库			余额		
月	日			单价	数量	金额	单价	数量	金额	单价	数量	金额
12	1		月初余额							1 000	140	140 000
12	4		购入	1 000	20	20 000				1 000	160	170 000
12	31	转 6	领用				1 000	110	110 000	10 000	50	50 000
12	31		本月合计	1 000	20	20 000	1 000	110	110 000	10 000	50	50 000

表 7.43 原材料明细账

类别:原料及主要材料

品名:乙材料　　计量单位:千克　　规格:______　　金额单位:元

20＊4年		记账凭证编号	摘要	入库			出库			余额		
月	日			单价	数量	金额	单价	数量	金额	单价	数量	金额
12	1		月初余额							3	10 000	30 000
12	31	转 6	发出				3	5 000	15 000	3	5 000	15 000
			本月合计				3	5 000	15 000	3	5 000	15 000

表 7.44 生产成本明细账

二级科目名称:A 产品　　单位:元

20*4年		记账凭证编号	摘要	借方	贷方	借或贷	余额
月	日						
12	31	转4	结算本月工资	25 000		借	25 000
12	31	转5	计提职工福利费	3 500		借	28 500
12	31	转6	结转本月发出材料成本	30 000		借	58 500
12	31	转7	结算本月水电费	20 000		借	78 500
12	31	转9	结转制造费用	11 470		借	89 970
12	31	转10	结转本月完工 A 产品		89 970	平	0
12	31		本月合计	89 970	89 970	平	0

表 7.45 生产成本明细账

二级科目名称:B 产品　　单位:元

20*4年		记账凭证编号	摘要	借方	贷方	借或贷	余额
月	日						
12	31	转4	结算本月工资	25 000		借	
12	31	转5	计提职工福利费	3 500			
12	31	转6	结转本月发出材料成本	74 000			
12	31	转7	结算本月水电费	18 000			
12	31	转9	结转制造费用	11 470			
12	31	转10	结转本月完工 B 产品		92 750	借	39 220
			本月合计	131 970	92 750	借	39 220

表 7.46 库存商品明细账

品名:A 产品　　计量单位:件　　规格:______　　金额单位:元

20*4年		记账凭证编号	摘要	入库			出库			余额		
月	日			单价	数量	金额	单价	数量	金额	单价	数量	金额
12	1		月初余额							312.30	240	74 952
12	31	转10	完工入库	299.9	300	89 970						
12	31	转11	结转成本				305.41	250	76 352.5	305.41	290	88 569.5
12	31		本月合计		300	89 970		250	76 352.5		290	88 569.5

表 7.47　库存商品明细账

品名:B产品　　计量单位:件　　规格:______　　金额单位:元

20＊4年		记账凭证编号	摘要	入库			出库			余额		
月	日			单价	数量	金额	单价	数量	金额	单价	数量	金额
12	1		月初余额							365	460	167 900
12	31	转10	完工入库	350	265	92 750						
12	31	转11	结转成本				364.55	100	36 455	364.55	615	224 195
12	31		本月合计		265	92 750		100	36 455		615	224 195

表 7.48　应付账款明细账

二级科目名称:明光公司　　单位:元

20＊4年		记账凭证编号	摘要	借方	贷方	借或贷	余额
月	日						
12	1		月初余额			贷	80 000
12	9	付3	支付前欠货款		80 000	平	0
12	28	转4	购入乙材料		35 100	贷	35 100
12	31		本月合计		115 100	贷	35 100

表 7.49　应付账款明细账

二级科目名称:鸿翔公司　　单位:元

20＊4年		记账凭证编号	摘要	借方	贷方	借或贷	余额
月	日						
12	1		月初余额			借	20 000
12	31		本月合计			借	20 000

表 7.50　利润分配明细账

二级科目名称:提取法定盈余公积　　单位:元

20＊4年		记账凭证编号	摘要	借方	贷方	借或贷	余额
月	日						
12	31	转18	提取法定盈余公积	135 595.64		借	135 595.64
12	31	转20	转销		135 595.64	平	0
12	31		本月合计	135 595.64	135 595.64	平	0

表 7.51　利润分配明细账

二级科目名称:应付利润　　　　　　　　　　　　　　　　　　　　　　　　单位:元

20∗4 年		记账凭证编号	摘要	借方	贷方	借或贷	余额
月	日						
12	31	转 19	向投资者分配利润	20 000		借	20 000
12	31	转 20	转销		20 000	平	0
12	31		本月合计	20 000	20 000	平	0

表 7.52　利润分配明细账

二级科目名称:未分配利润　　　　　　　　　　　　　　　　　　　　　　　单位:元

20∗4 年		记账凭证编号	摘要	借方	贷方	借或贷	余额
月	日						
12	1		月初余额			贷	488 500
12	31	转 17	结转净利润		1 355 956.37	贷	1 844 456.37
12	31	转 20	转入利润分配	155 595.64		贷	1 688 860.73
12	31		本月合计	155 595.64	1 355 956.37	贷	1 688 860.73

实训要求

根据以上账簿资料编制大华公司 20∗4 年 12 月 31 日资产负债表(格式见表 7.53)。

表 7.53　资产负债表

会企 01 表

编制单位:　　　　　　　　　　年　　月　　日　　　　　　　　　　　　单位:元

资　产	期末余额	年初余额	负债和股东权益	期末余额	年初余额
流动负债			流动负债		
货币资金			短期借款		
交易性金融资产			应付票据		
应收票据			应付账款		
应收账款			预收款项		
预付账款			应付职工薪酬		
应收利息			应交税费		
应收股利			应付利息		
其他应收款			应付股利		
存货			其他应付款		

续表

资　产	期末余额	年初余额	负债和股东权益	期末余额	年初余额
一年内到期的非流动资产			一年内到期的非流动负债		
其他流动资产			其他流动负债		
流动资产合计			流动负债合计		
非流动资产：			非流动负债：		
可供出售金融资产			长期借款		
持有至到期投资			应付债券		
长期应收款			长期应付款		
长期股权投资			专项应付款		
投资性房地产			预计负债		
固定资产			其他非流动负债		
在建工程			非流动负债合计		
工程物资			负债合计		
固定资产清理			所有者权益		
无形资产			实收资本		
开发支出			资本公积		
长期待摊费用			盈余公积		
其他非流动资产			未分配利润		
非流动资产合计			所有者权益合计		
资产总计			负债和所有者权益合计		

任务二　利润表编制训练

实训目的

（1）熟悉利润表的结构和内容；

（2）掌握利润表的编制方法。

实训时间

完成本次实训需1学时。

实训资料

大华公司20＊4年1～11月的损益类账户资料见表7.54。

表7.54　20＊4年1～11月大华公司损益类账户资料

序　号	账　户	1～11月累计金额
1	主营业务收入	7 456 850
2	其他业务收入	150 000
3	投资收益	200 000
4	营业外收入	4 800
5	主营业务成本	3 689 450
6	其他业务成本	110 000
7	营业税金及附加	678 864
8	销售费用	3 028 000
9	管理费用	1 423 000
10	财务费用	680 000
11	营业外支出	165 717
12	所得税费用	431 517

实训要求

根据任务一相关资料及以上资料编制大华公司20＊4年利润表(利润表格式见表7.55)。

表7.55　利润表

会企02表

编制单位：　　　　　　　　　　年　　　　　　　　　　单位:元

项　目	本期金额	上期金额
一、营业收入		
减:营业成本		
营业税金及附加		
销售费用		
管理费用		

续表

项目	本期金额	上期金额
财务费用		
资产减值损失		
加:公允价值变动损益(损失以"—"号填列)		
投资收益(损失以"—"号填列)		
其中:对联营企业和合营企业的投资收益		
二、营业利润(损失以"—"号填列)		
加:营业外收入		
减:营业外支出		
其中:非流动资产处置损失		
三、利润总额(损失以"—"号填列)		
减:所得税费用		
四、净利润(损失以"—"号填列)		